Wang Qingsong : Photographies

Texte de Jérémie Thircuir Images sélectionnées dans l'œuvre de Wang Qingsong

Une Vie

Jérémie Thircuir

Le destin de la vie de Wang Qingsong fusionne avec celui de son pays. Son œuvre est construite comme une réaction aux bouleversements de la Chine de ces trente dernières années.

Wang Qingsong est né dans le Nord-Est de la Chine en 1966, l'année où a débuté la révolution culturelle. Enfant, il migre avec ses parents dans le Hubei, au centre du pays. Il y suit son père qui vient de trouver un emploi dans les gisements de pétrole. Alors qu'il n'a que treize ans, son père meurt. Pour subvenir aux besoins de la famille il est alors obligé de reprendre l'emploi paternel. Il y restera pendant huit ans. Wang Qingsong s'est toujours senti différent, considéré comme une personne bizarre, ne parlant presque jamais. Il a toujours nourri au fond de lui l'idée de devenir artiste. Malgré son travail, il tente chaque année les concours d'entrée aux différentes académies des beaux-arts du pays. Sans succès. A sa cinquième tentative, il parvient enfin à se faire accepter au prestigieux département de peinture de l'académie des beaux-arts du Sichuan.

En 1993, un an après le discours de Deng Xiaoping prônant l'accélération de l'ouverture économique de la Chine, il obtient son diplôme de peintre. Il décide alors de partir pour Pékin, lieu au cœur du renouveau artistique que connaît le pays. Il y découvre une ville en pleine transformation qui s'ouvre à l'économie de marché et s'abandonne frénétiquement à la consommation. Les symboles de l'Occident s'intègrent dans le paysage, boire du Coca Cola et dîner dans les nouveaux Mc Donald sont du dernier chic. Les couleurs des derniers vêtements à la mode remplacent les uniformes ternes. Les valeurs maoïstes et confucianistes qui l'ont construit disparaissent peu à peu au profit d'un irrésistible désir de jouissance et d'enrichissement individuel.

Wang Qingsong est pauvre, les maigres économies qu'il avait à son arrivée ont bien vite disparu. Il habite dans les villages d'artistes aux franges de la ville mais la croissance urbaine, les démolitions et les hausses de loyer le forcent à déménager constamment de plus en plus loin. Il est exclu de cette folle course à la richesse et au plaisir qu'il ne comprend pas mais le fascine.

Face à cette rapide évolution il questionne la pertinence de son médium. Il décide alors d'abandonner la peinture – des portraits d'hommes aux visages enserrés dans des sacs plastiques – pour la photographie, médium qui lui semble le plus juste pour saisir au mieux cette société naissante. Il commence alors à raconter les histoires de cette nouvelle Chine. L'appareil photographique remplace les pinceaux, les corps se substituent aux aplats de couleurs mais son passé de peintre se retrouvera toujours dans son œuvre par son sens de la composition.

Wang Qingsong observe ces mouvements, de la pauvreté à la richesse, du dénuement à l'abondance, du communisme au capitalisme. Il en fera le sujet central de ses premières œuvres telles *Puis-je Coopérer avec Vous ?* ou *La Quête du Plaisir.*

Son œuvre est une réaction à ce qu'il vit, ce qu'il voit. Le cœur de son œuvre est l'expression de son incompréhension face au monde qui se dresse devant lui. Wang Qingsong compose ainsi un journal intime de la Chine contemporaine.

On réalise ainsi la dualité de sa position, à la fois spectateur et acteur de ces transformations. Témoin actif de l'histoire en train de s'écrire sous ses yeux, Wang Qingsong va se mettre en scène tout autant qu'il met en scène la société ; professeur dans *Ecole Maternelle,* sans-abri dans *Clochard,* ou hôte de la *China Mansion,* son rôle se recompose au fil des images.

Ses débuts en tant que photographe le rapprochent du mouvement du « Gaudi Art » initié par le critique Li Xianting que l'on retrouve en personnage central des *Jouissances Nocturnes de Lao Li*. Ce mouvement, né dans le village d'artistes de Songzhuang à une trentaine de kilomètres à l'Est de Pékin, fédère de nombreux artistes produisant des œuvres kitsch, riches en couleurs, explorant la confusion et les contradictions d'un pays bouleversé par la réforme économique en cours.

Sous l'influence de ce mouvement, le vocabulaire de Wang Qingsong se met en place. Il va créer une iconographie intégrant avec humour et dérision nombre de symboles occidentaux et chinois. On y découvre des clins d'œil parodiques à Ingres, Manet, Botticelli que l'on retrouve dans *Romantique* ou *China Mansion*. Ces références à l'histoire de l'art sont dépourvues de leur sens originel ainsi que de leur contexte ; elles sont détournées, déformées, superposées pour dénoncer la manière dont la culture devient un simple produit de consommation. Singeant cette perception, la beauté de l'original devient une caricature confuse, vulgaire et maladroite.

Il utilise ces éléments comme les mots de la phrase visuelle que va constituer l'image. Comme dans la poésie chinoise où la beauté s'exprime tout autant par le sens que par la calligraphie avec laquelle est écrit le caractère,

Wang Qingsong joue avec les symboles pour donner corps à ses photographies. Il va assembler et faire se rencontrer les idées, parfois de manière incongrue, pour représenter au mieux ces mouvements du monde et de la société.

Son œuvre se nourrit également d'une iconologie chinoise traditionnelle qu'il va utiliser en l'actualisant. Même si son propos la dépasse, la réalité chinoise sert de point de départ à son œuvre. Pour représenter ce cadre et y insérer sa grammaire visuelle, il va s'inspirer de classiques de la peinture chinoise qu'il va se réapproprier. Il reprend une œuvre de Han Xizai dans les *Jouissances Nocturnes de Lao Li,* de tableaux de la dynastie Song dans *Colporteur de Bibelots,* ou *La Quête du Plaisir.*

Cette forme lui sert de cadre et implique les longs formats, réminiscences des rouleaux où la narration suit le temps et le mouvement du regard. L'image devient un petit théâtre animé qui laisse à celui qui la regarde le temps de voir se dérouler sous ses yeux les multiples facettes d'une réalité complexe qu'il lui serait impossible de saisir d'un coup.

Comme on peut le voir, le travail de Wang Qingsong incorpore une profonde réflexion sur la nature de l'image et ses mécanismes sémantiques. Cette réflexion est une fois de plus indissociable de son expérience.

Wang Qingsong a grandi au contact de l'imagerie révolutionnaire qui l'a profondément marqué dans son enfance et influencé dans sa création. Images manipulées, recomposées, servant de médium à la propagande. Images illustrées de slogans servant à raconter au plus grand nombre les glorieuses histoires d'une Chine productrice et unie. Images de Lei Feng et autres ouvriers ou paysans modèles produisant des symboles récurrents et définissant une iconographie populaire mobilisatrice à laquelle chacun peut se rattacher. Cependant, comme il l'illustre avec son triptyque *Passé, Présent, Futur* il montre qu'une esthétique donnée n'est pas tributaire de l'idéologie qu'elle est censée incarner, l'idée n'est pas dépendante de la forme que prend la représentation.

Comprenant le pouvoir de propagande de l'image révolutionnaire, Wang Qingsong en conserve la tactique. Il se libère du discours idéologique tout en jouant sur des formes familières pour servir le sens du message et sa diffusion. Il efface le superflu, simplifie le discours pour le rendre le plus compréhensible possible auprès du plus grand nombre. L'art pour le peuple. C'est cette apparente simplicité mais surtout l'efficacité de l'image qui font la personnalité des images de Wang Qingsong. Mais contrairement à leurs pendants passés, ses œuvres cherchent à faire comprendre la nature des phénomènes sans en extraire le sens, elles sont construites pour créer un discours, une pensée où les civilisations s'entrechoquent. La Chine traditionnelle, la Chine moderne et l'Occident mondialisé s'opposent et se confrontent pour produire un nouveau territoire culturel.

Quand il se réveille le matin, Wang Qingsong allume sa télévision. Il regarde les journaux d'information. La fausse objectivité de ce flux permanent d'images le plonge dans une profonde perplexité. Il n'y voit que des visions parcellaires d'une réalité bien plus complexe. C'est pourquoi il définit ironiquement son art comme une forme de journalisme. C'est paradoxalement par la construction et la manipulation de l'image qu'il va faire surgir avec humour la vérité d'une situation.

A partir des années 2000, la situation de la Chine a nettement changé. Le sentiment du « tout est nouveau, tout est possible » de l'ouverture s'est normalisé. Depuis 2001, la Chine gagne en confiance, elle fait partie de l'OMC et Pékin va organiser les Jeux Olympiques. Les étrangers affluent en Chine, accélérant son internationalisation. Les artistes chinois, dont Wang Qingsong est l'un des plus reconnus, voyagent aux quatre coins du monde pour leurs expositions. Les collectionneurs commencent à s'arracher leurs œuvres. Passage de l'autre coté du miroir pour Wang Qingsong qui bénéficie peu à peu de la croissance, battant des records aux ventes aux enchères et devenant l'un des photographes les plus chers au monde.

Dans son travail, la fin du kitsch et de la critique du consumérisme fait place à l'émergence de questions plus sociales. Dans *Offrandes* et *Temple*, il critique la marchandisation des cultes et la perte de spiritualité, dans *Compétition* il fustige l'occupation de l'espace public par les marques, le difficile sort des travailleurs migrants est abordé avec *Dortoir*. Les problèmes d'éducation, d'écologie, la crise de la culture, tous les sujets sont abordés et font de Wang Qingsong un artiste profondément engagé, ancré dans la réalité du monde qui l'entoure.

En réalisant des mises en scènes de plus en plus spectaculaires, ses photographies nous renvoient au sentiment que rien n'est impossible dans cette nouvelle Chine où les moyens et les ambitions s'accordent. Le succès commercial des artistes nourrit leur création et déplace les limites de leurs productions vers des sphères inimaginables pour nombre d'artistes occidentaux.

Nourri par ce besoin de gigantisme et de spectaculaire, son art n'est parfois limité que par la technologie comme pour *L'Histoire des Monuments*, œuvre longue de 42 mètres, taille maximale d'un rouleau de papier photo. Ses plateaux nécessitent parfois des semaines de construction, des mois de préparation, des centaines voire des milliers de figurants.

Wang Qingsong conserve tout de même son vocabulaire mais l'élargit, l'image gagne en profondeur, au kitsch de Gilbert et Georges ou David Lachapelle qui a marqué ses débuts s'ajoute la démesure d'Andreas Gursky, les mises en scènes cinématographiques de Gregory Crewdson, les jonglages symboliques de Jeff Wall ou encore les corps accumulés de Spencer Tunick.

Les frontières entre Orient et Occident semblent disparaître, le présent et l'histoire ne font qu'un. L'intemporalité de l'œuvre de Wang Qingsong, sa pensée de l'être humain et de sa nature font de lui un artiste majeur de notre époque. En observant les mouvements de la société, il y décèle la folie humaine. Malgré les couleurs et l'humour qui s'en détache, l'œuvre de Wang Qingsong est d'une profonde noirceur. La parodie et la dérision deviennent les seuls outils supportables pour décrire son pessimisme face à cette dramatique mécanique de l'histoire humaine.

Puis-je Coopérer avec Vous ?
我能跟你合作吗？

2000

Avec *Puis-je Coopérer avec Vous ?* Wang Qingsong s'inspire d'une peinture traditionnelle chinoise représentant un officiel du pouvoir impérial lors de l'une de ses visites à des minorités ethniques. Wang Qingsong remplace ici la figure originale de l'émissaire par un occidental blasé. Celui-ci est entouré d'un groupe de jeunes femmes aux tenues kitsch et colorées. Elles arborent des éventails sur lesquels figurent des logos de grandes marques occidentales. Dans cette œuvre, Wang Qingsong symbolise l'irruption massive du modèle de consommation occidental, les déséquilibres et les incompréhensions qu'il engendre auprès d'un peuple qui en est exclu.

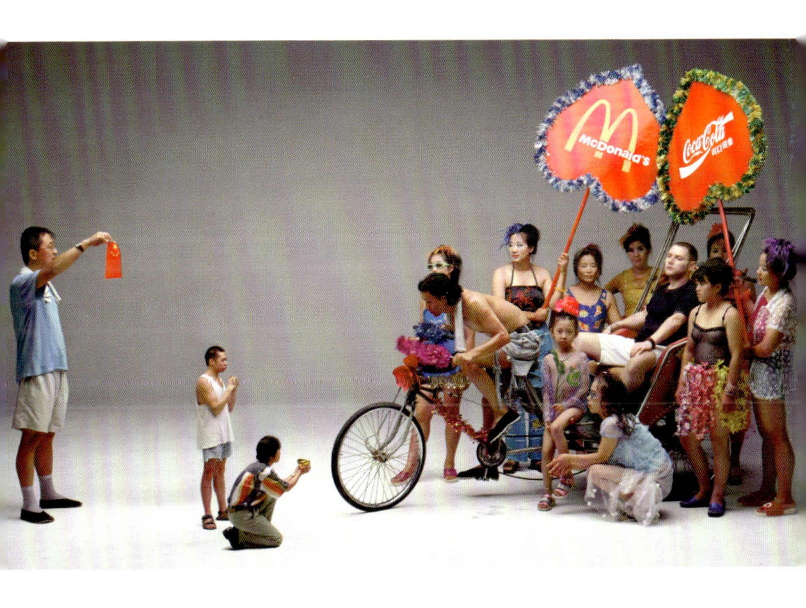
McDonald's
Coca-Cola

La Quête du Plaisir
找乐

2000

La modernisation et l'ouverture de la Chine ont donné naissance à de nouvelles aspirations. La classe moyenne naissante a découvert avec frénésie les plaisirs faciles et instantanés de la consommation. Dans une structure picturale classique, Wang Qingsong reprend la métaphore de la fumerie d'opium qui nous renvoie à la décadence du Shanghai des années 1920. Dans cette œuvre morale, il crée un parallèle entre la drogue et les plaisirs immédiats et factices de la consommation.

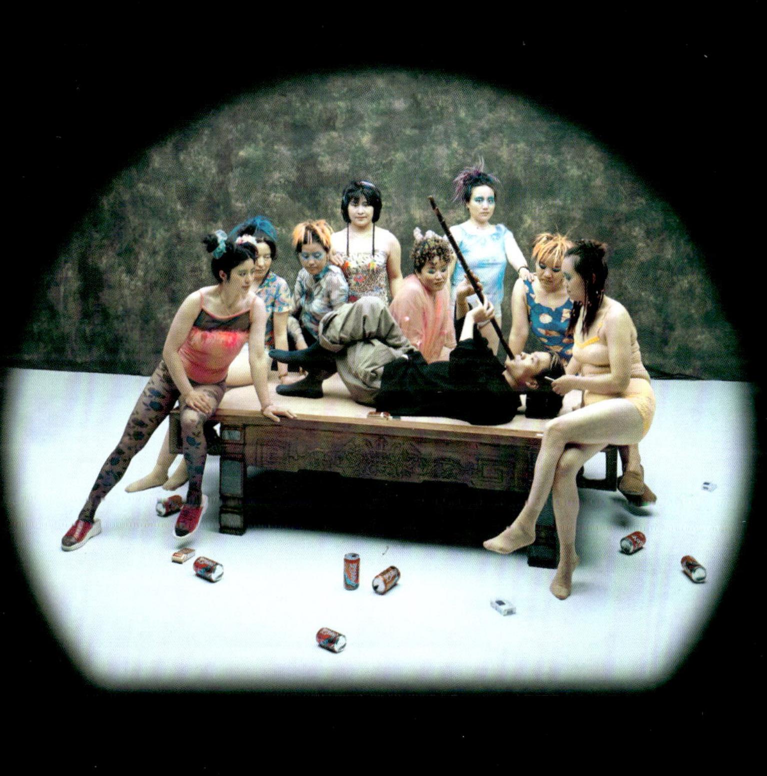

Trois Grâces
三女神

2002

S'inspirant du célèbre tableau *Les Trois Grâces* de Jean-Baptiste Regnault, cette photographie rend compte des complexités de notre relation avec la culture du passé. Cette œuvre illustre parfaitement le travail de Wang Qingsong. On y retrouve un bon nombre d'éléments du vocabulaire de l'artiste. Le tableau, comme forme connue et identifiable, devient ici le symbole de la culture classique. L'or y incarne les désirs de richesse de la société de consommation. Les Grâces, dont la beauté a disparu, sont réduites à de vulgaires caricatures, présentées dans un univers absurde. Ces éléments ainsi assemblés construisent le sens de l'œuvre. La culture classique, sous le regard sacralisant de notre société moderne, semble devenir une parodie d'elle-même. La célébrité de l'œuvre triomphe sur sa beauté originale. Caché derrière un arbre, Wang Qingsong l'observe, hébété. Il en est le témoin qui nous interpelle.

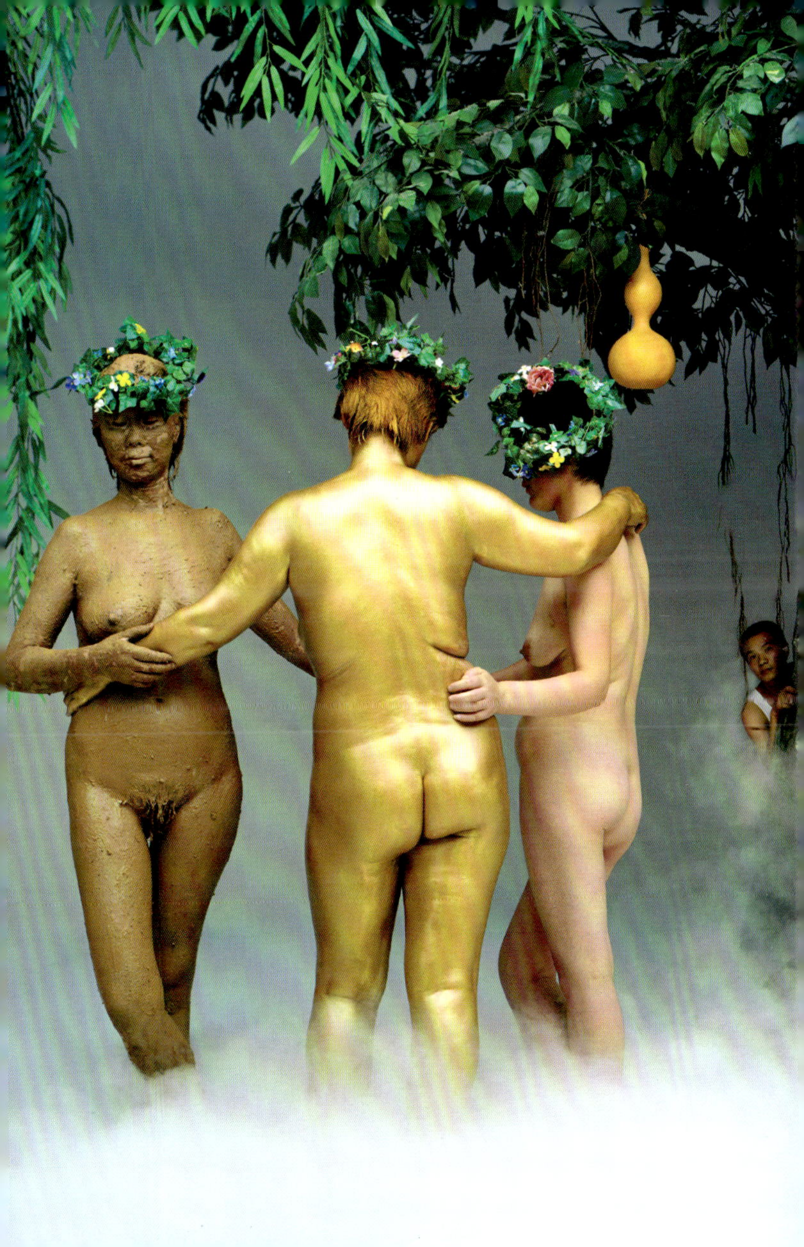

Colporteur de Bibelots
卖货郎

2002

Cette photographie s'inspire d'un tableau de la dynastie Song. Les personnages traditionnels sont remplacés par des enfants, symbolisant chez l'artiste la société de consommation naissante. Wang Qingsong, colporteur de bibelots vêtu de vêtements ternes et usés, est ici le seul représentant du passé. Il semble perdu dans l'image, ridicule face aux dizaines d'objets kitsch aux couleurs vives qui l'entourent.

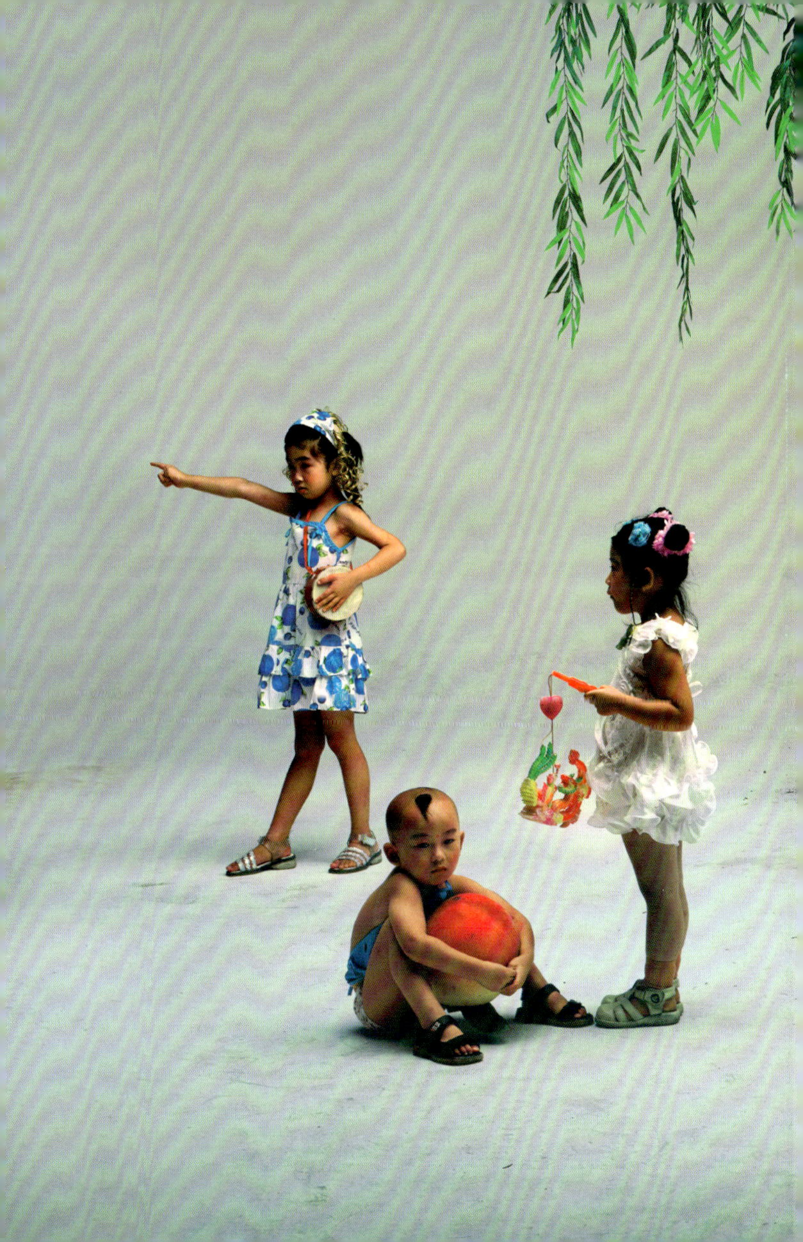

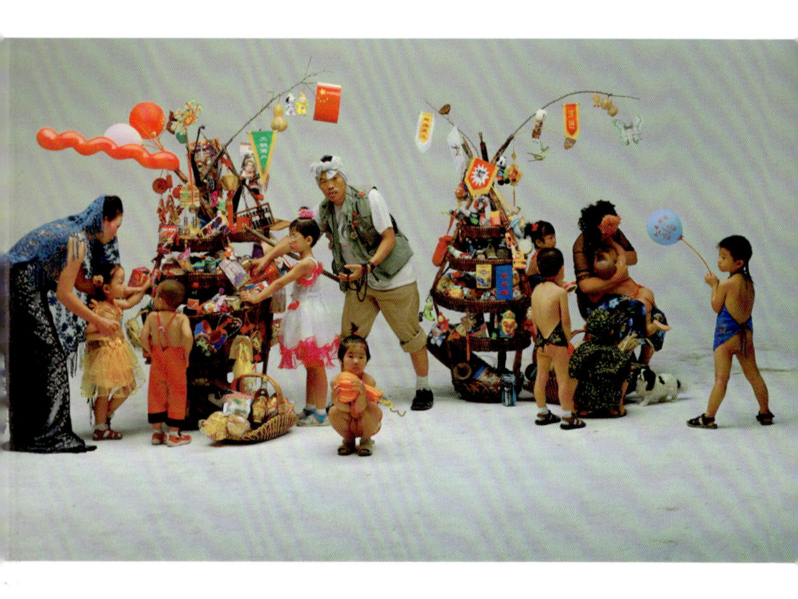

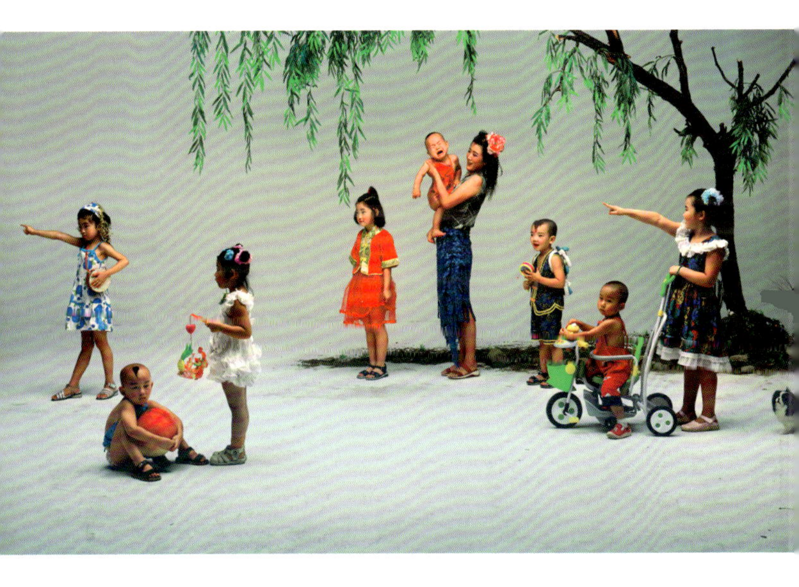

Ecole Maternelle
学前班

2002

Cette œuvre fait surgir les contradictions que la Chine contemporaine entretient avec l'éducation. Wang Qingsong, habillé ici en professeur, symbole du confucianisme passé, expose à sa classe le slogan socialiste « Un meilleur lendemain ». Autour de lui, les enfants, consommateurs en herbe, ont l'air bien plus fascinés par les objets matériels que par les paroles de leur professeur. Wang Qingsong porte ainsi un regard critique sur une société qui, obsédée par de meilleurs lendemains, n'a pas su préserver ses traditions. Il se demande avec ironie à quoi ressemblerait un système éducatif qui s'inspirerait du célèbre slogan « l'éducation doit partir des enfants ».

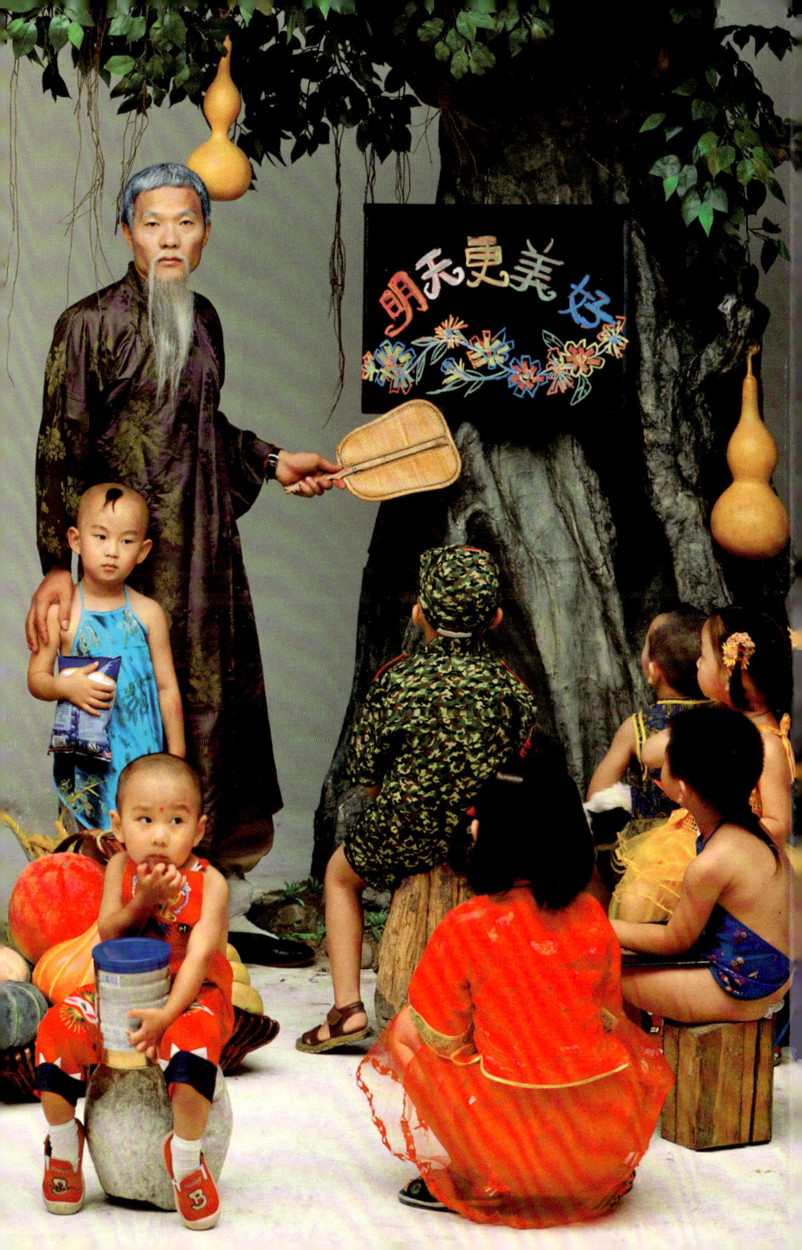
明天更美好

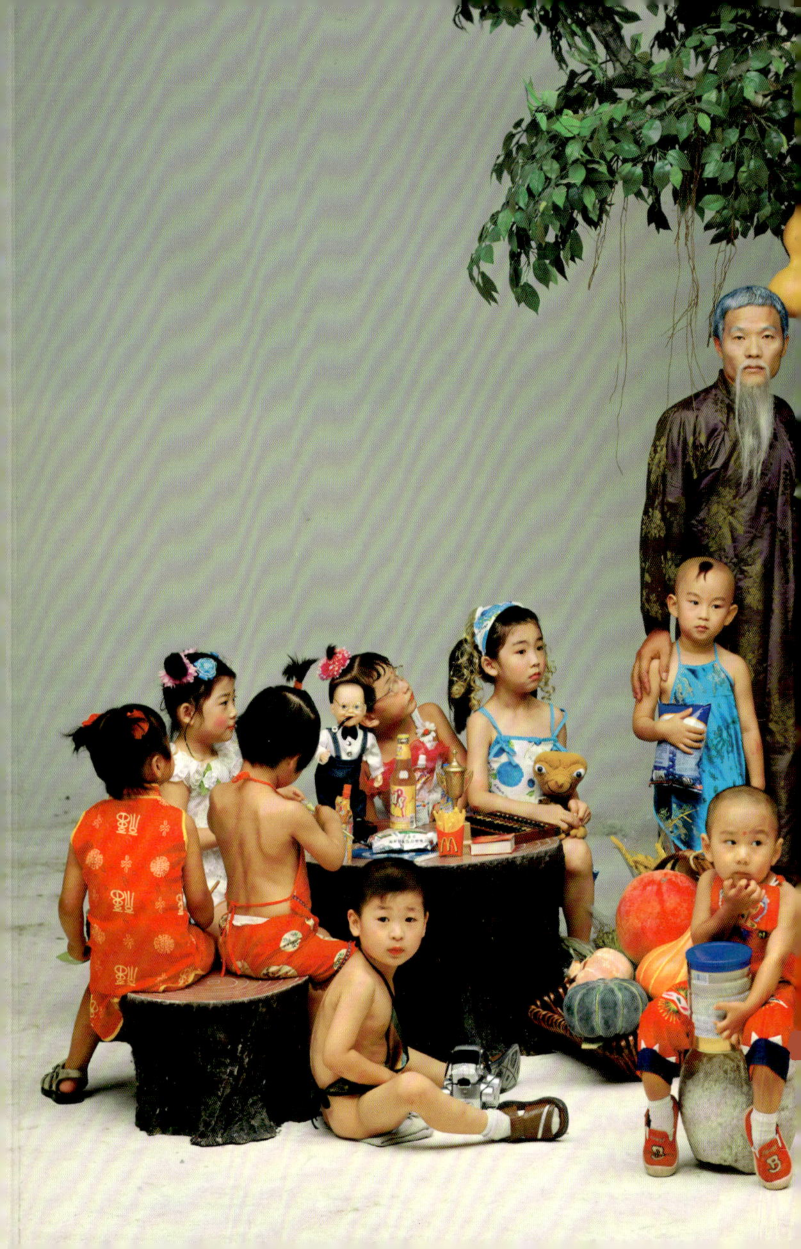

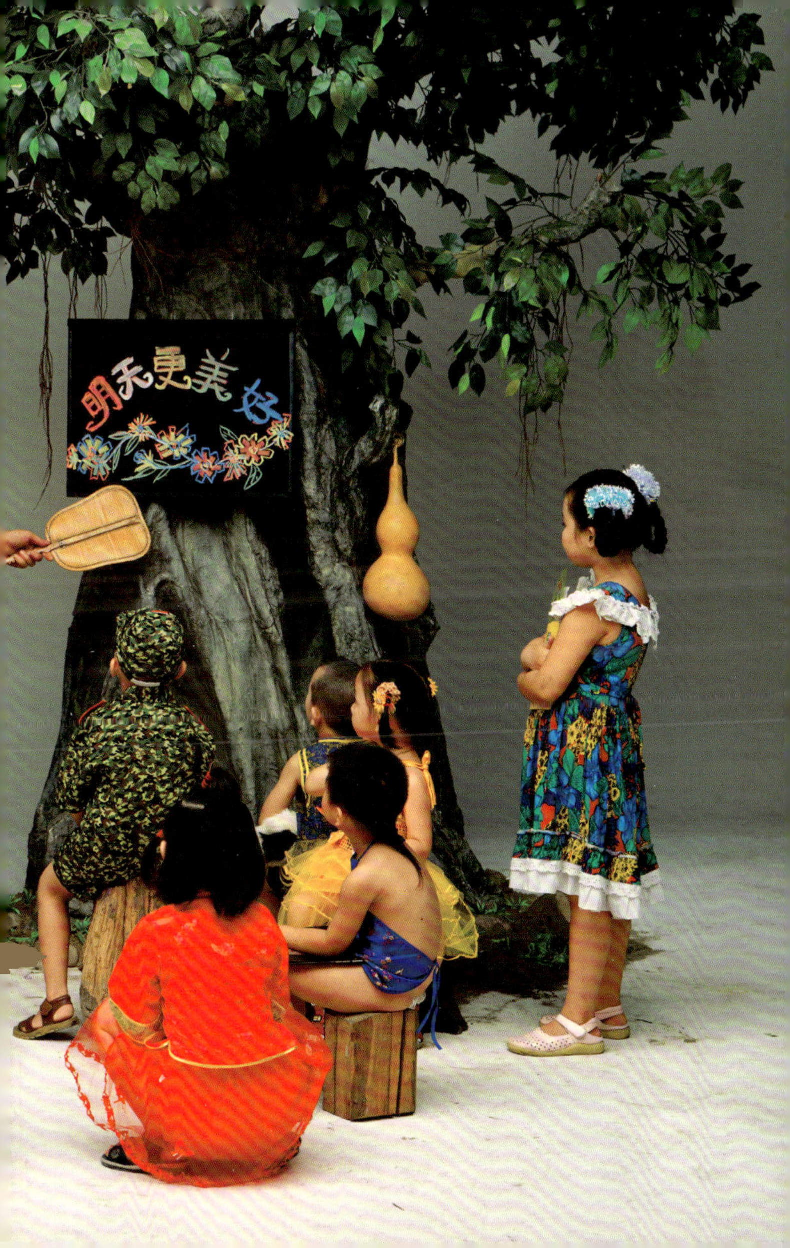
明天更美好

Les Jouissances Nocturnes de Lao Li
老栗夜宴图

2000

Les Jouissances Nocturnes de Lao Li dénonce l'impuissance des intellectuels dans une société minée par la corruption et le consumérisme. S'inspirant d'un chef d'œuvre du Xème siècle, *Les Jouissances Nocturnes de Han Xizai* du célèbre peintre Gu Hongzhong, cette photographie crée un parallèle entre deux hommes. Han Xizai, un mandarin de la période Tang qui, réalisant que les réformes ne porteront pas leurs fruits, se réfugie dans la débauche et Li Xianting (Lao Li), une figure majeure de l'art contemporain chinois. Les critiques d'art et les artistes remplacent ici les jouisseurs de l'œuvre originale. Malgré les milliers d'années qui séparent les deux histoires, rien ne semble avoir changé.

Cette photographie de 10 mètres de long est le premier grand format de Wang Qingsong. Elle jouera un rôle majeur dans sa carrière. Financée par l'héritage de sa mère peu de temps après son décès, elle marque le début de sa reconnaissance critique.

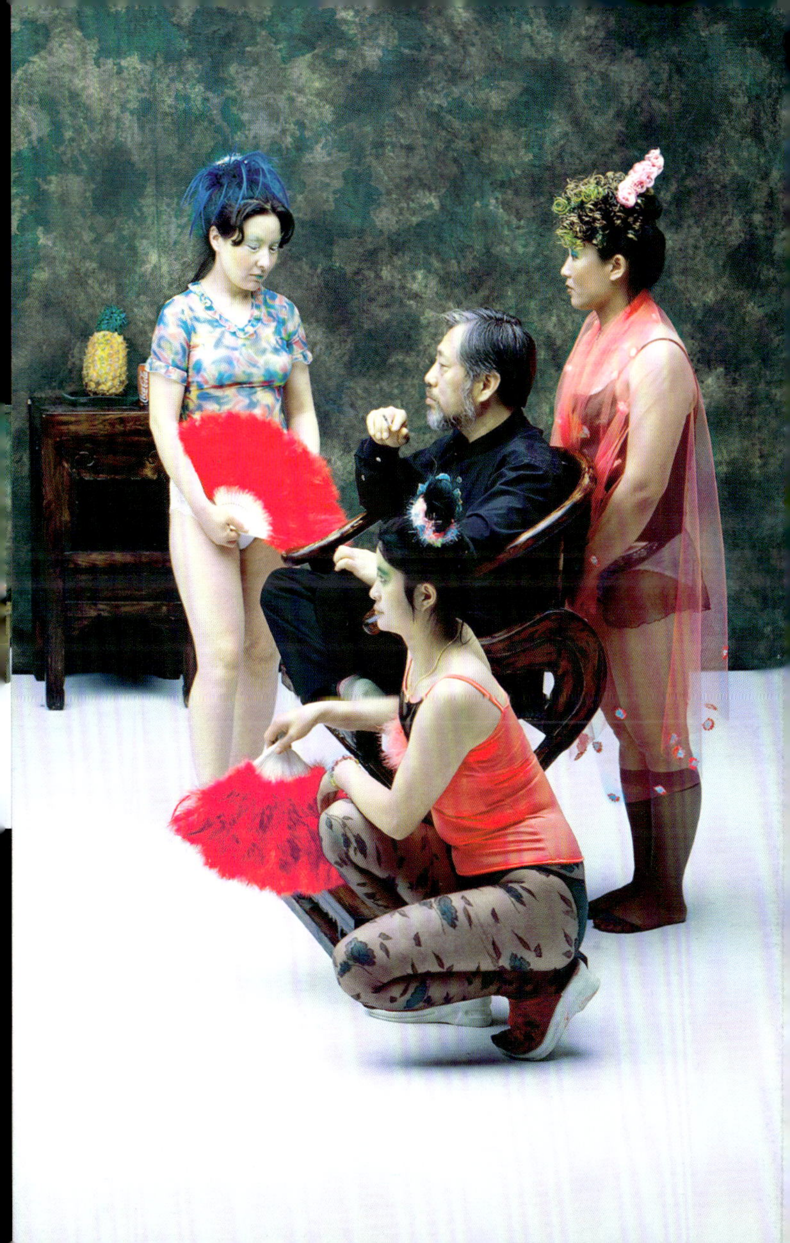

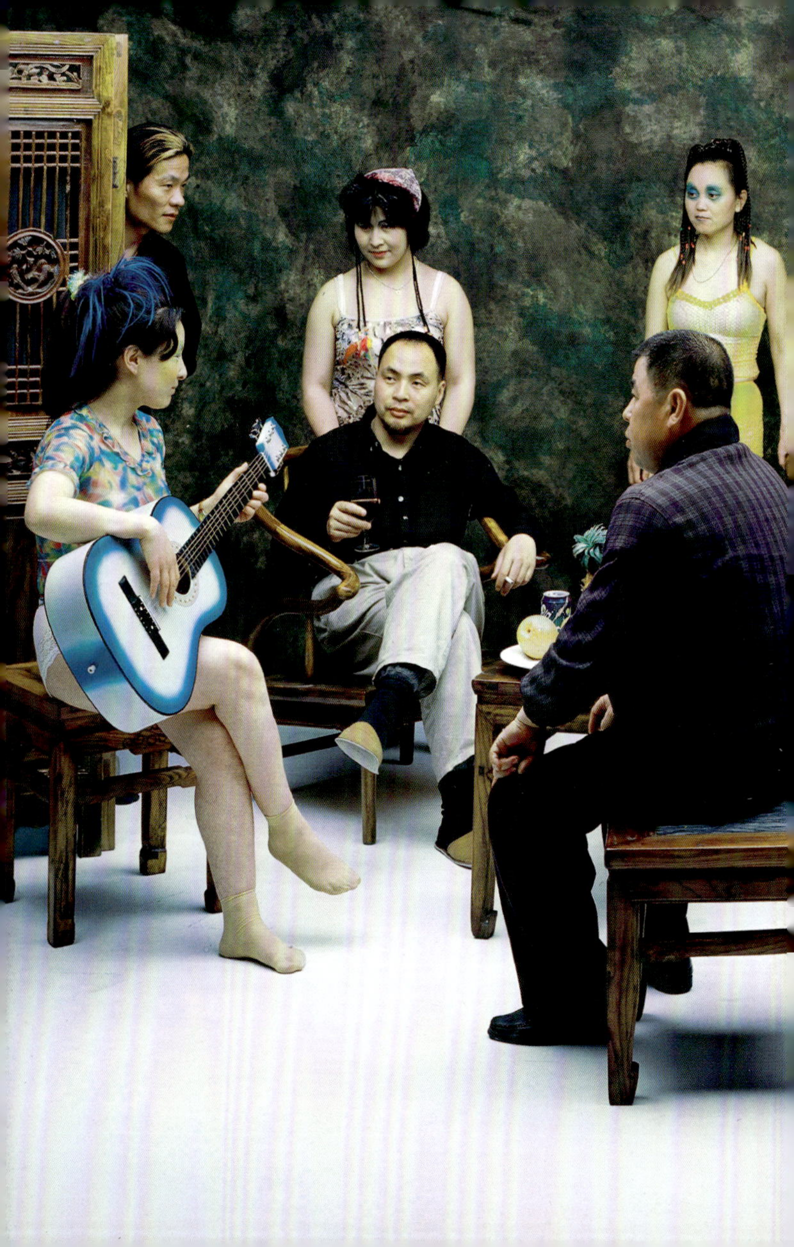

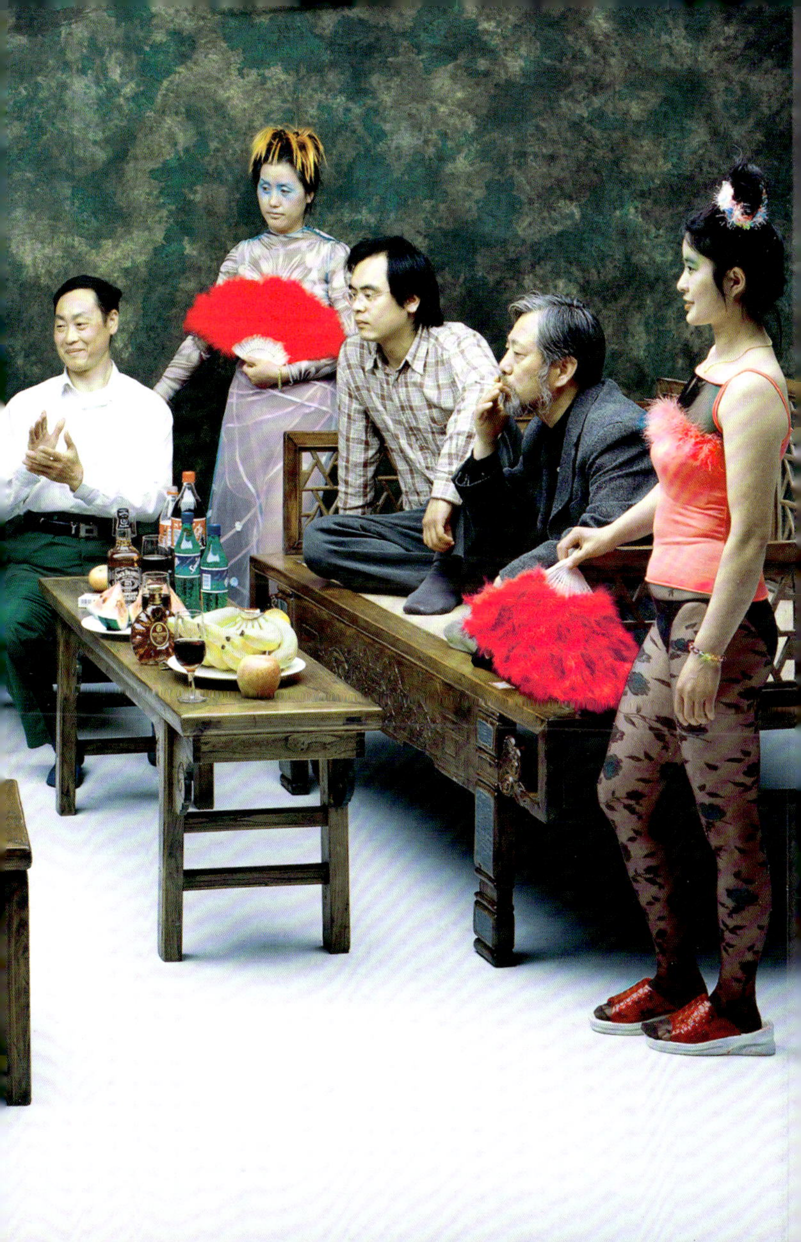

Le Festin de Yaochi
瑶池相会

2005

Wang Qingsong s'empare ici de la figure mythique du jardin de Yaochi dans laquelle Xi Wangmu organisait de fastes banquets. Cette déesse, littéralement « la Reine Mère de l'Occident », est traditionnellement associée à la prospérité et à la longévité. Wang Qingsong travestit son symbole pour nous représenter les divinités comme de simples mortels au beau milieu d'un jardin en plastique.

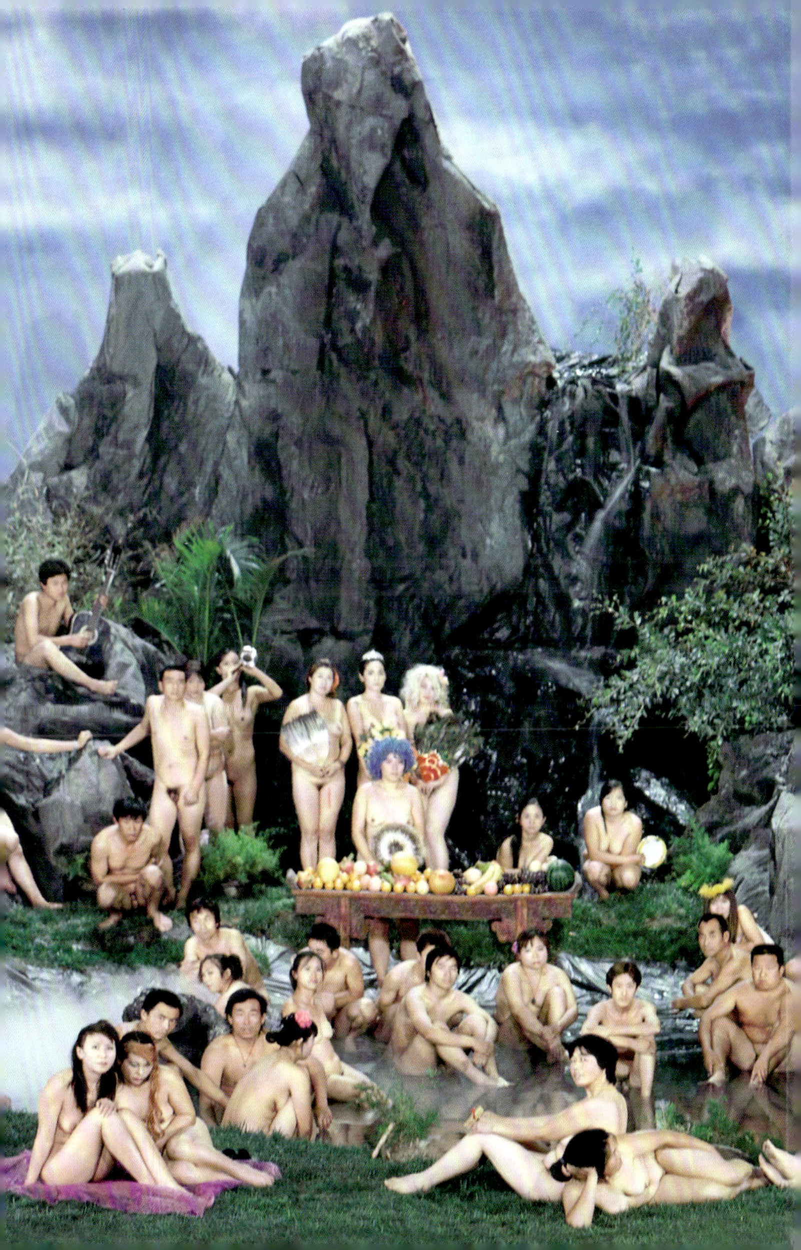

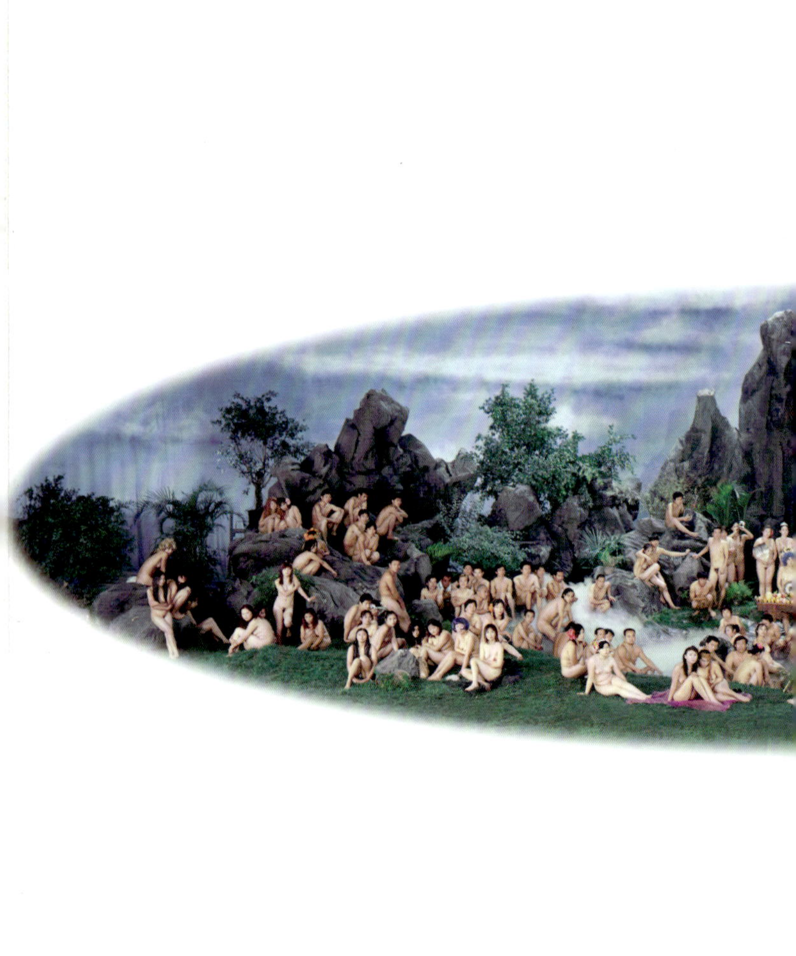

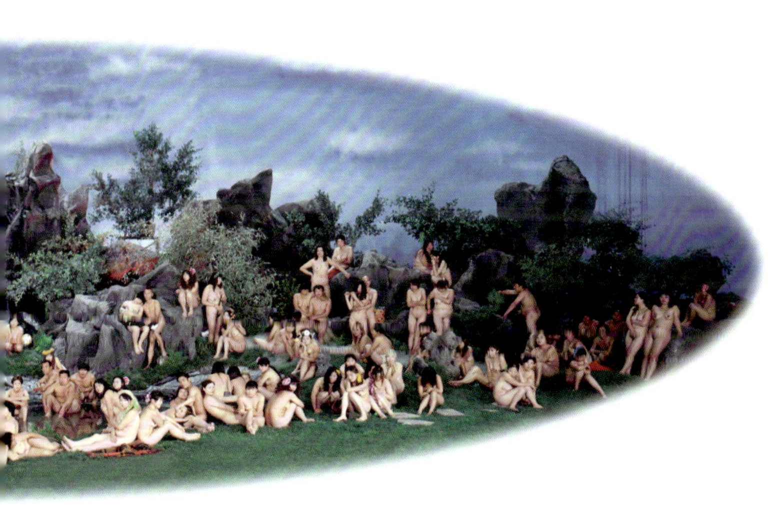

Romantique
罗曼蒂克
2003

Romantique nous accueille dans un univers trompeur à mi-chemin entre le jardin chinois et la conception occidentale du paradis. Malgré son apparente perfection, la scène est un décor de carton pâte aux couleurs criardes où fruits, fleurs et arbres sont en plastique. Les personnages qui habitent l'image sont des emprunts parodiques à des toiles de Masaccio, Velásquez, Botticelli, Raphael et Matisse. Wang Qingsong poursuit sa critique de l'absurdité du monde, soulignant le paradoxe entre une idéologie de la société moderne où tout doit être beau et parfait, et la laideur bon marché et factice qu'elle produit en réalité : le paradis est en plastique et les œuvres d'art sont ridicules.

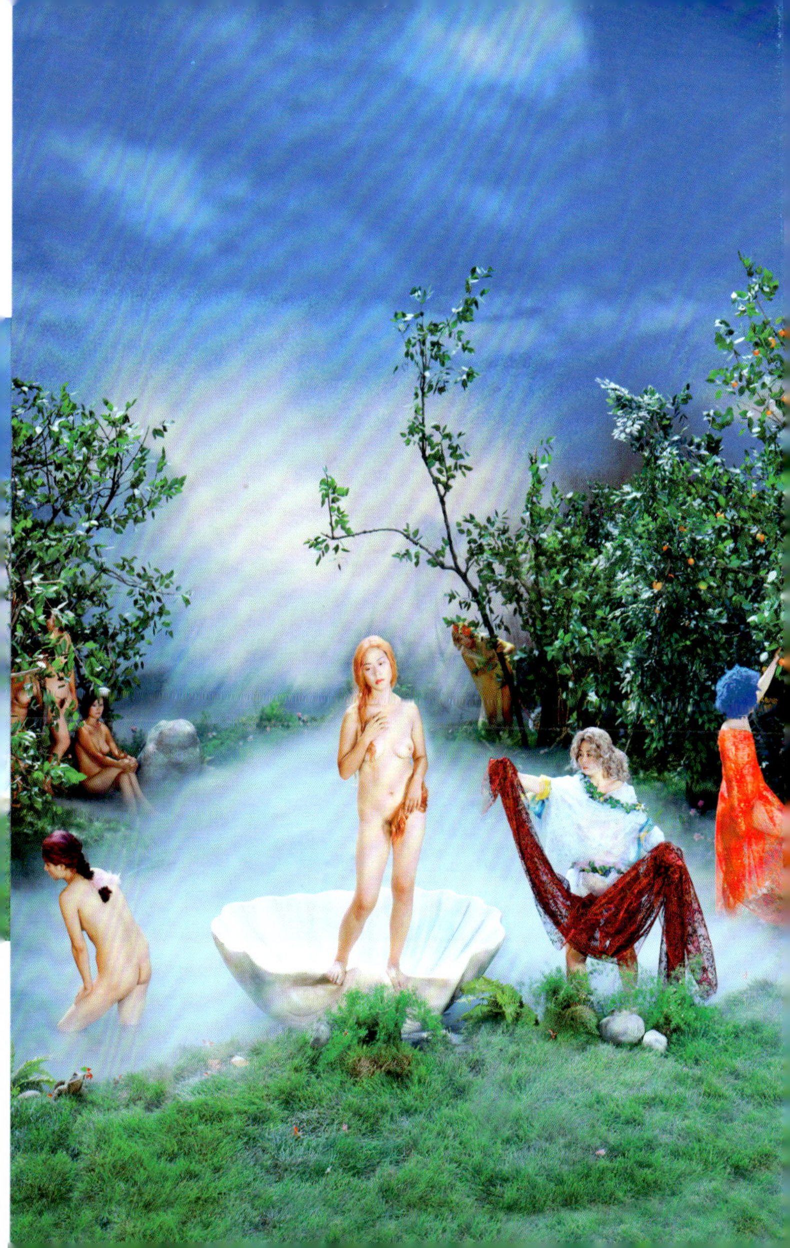

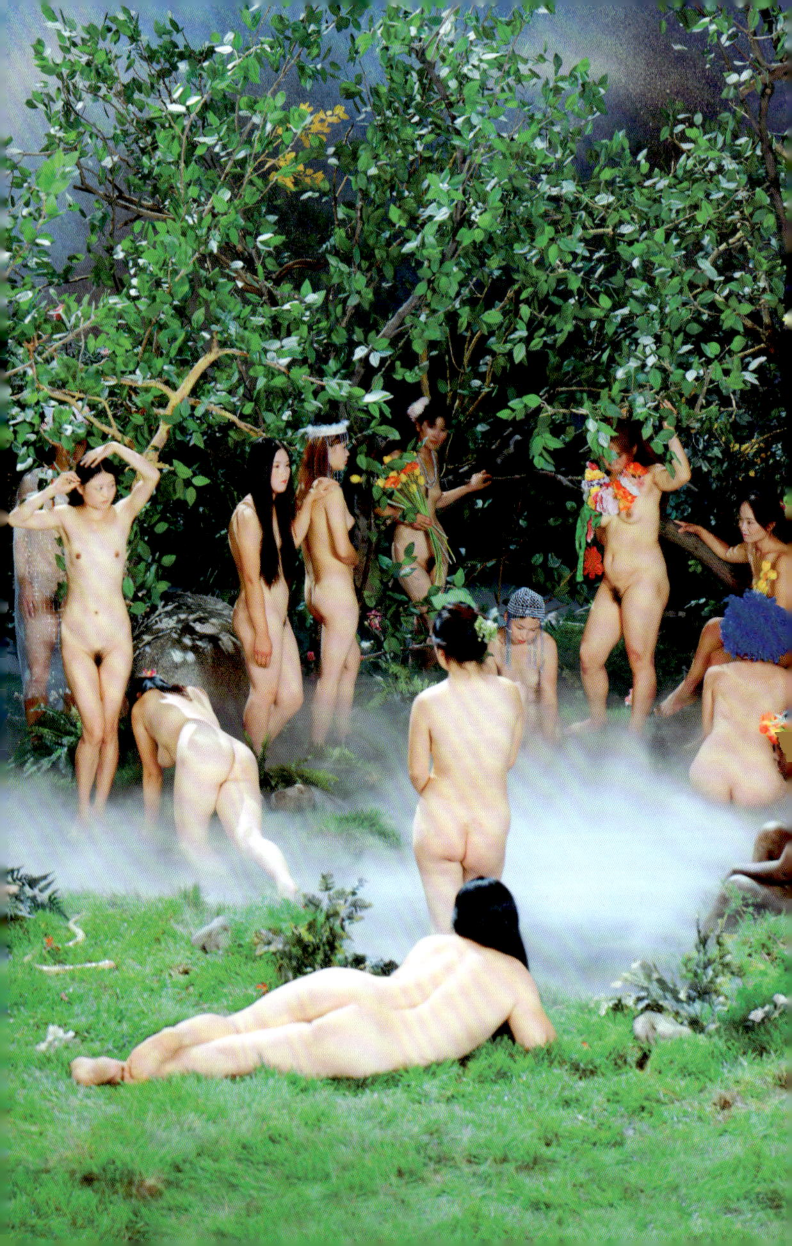

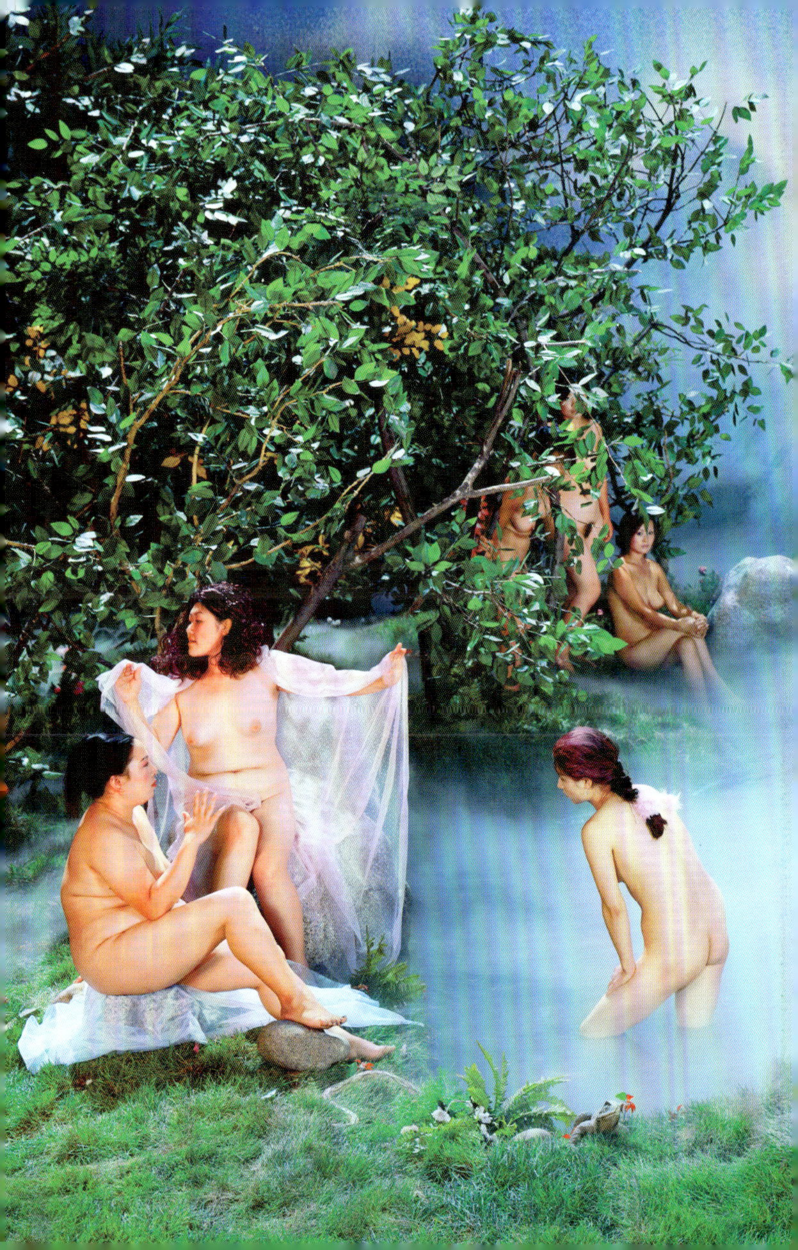

China Mansion
中国之家

2003

Prise dans le plus grand studio de cinéma de Chine, *China Mansion*, longue de douze mètres, questionne l'influence des valeurs occidentales dans la mondialisation de la Chine. Dès son ouverture, la Chine a commencé à inviter des experts étrangers pour guider et conseiller le pays. Illustrant cette situation, Wang Qingsong nous accueille dans une magnifique maison décorée avec du mobilier chinois et occidental. Les invités occidentaux sont représentés par des modèles singeant des œuvres classiques de Rembrandt, Rubens, Ingres, Gauguin, Man Ray et Klein. Ils apparaissent complètement déconnectés de cet univers artificiel. Tout semble factice et vidé de son sens, le dialogue tant attendu entre les cultures et les siècles n'a donc jamais lieu.

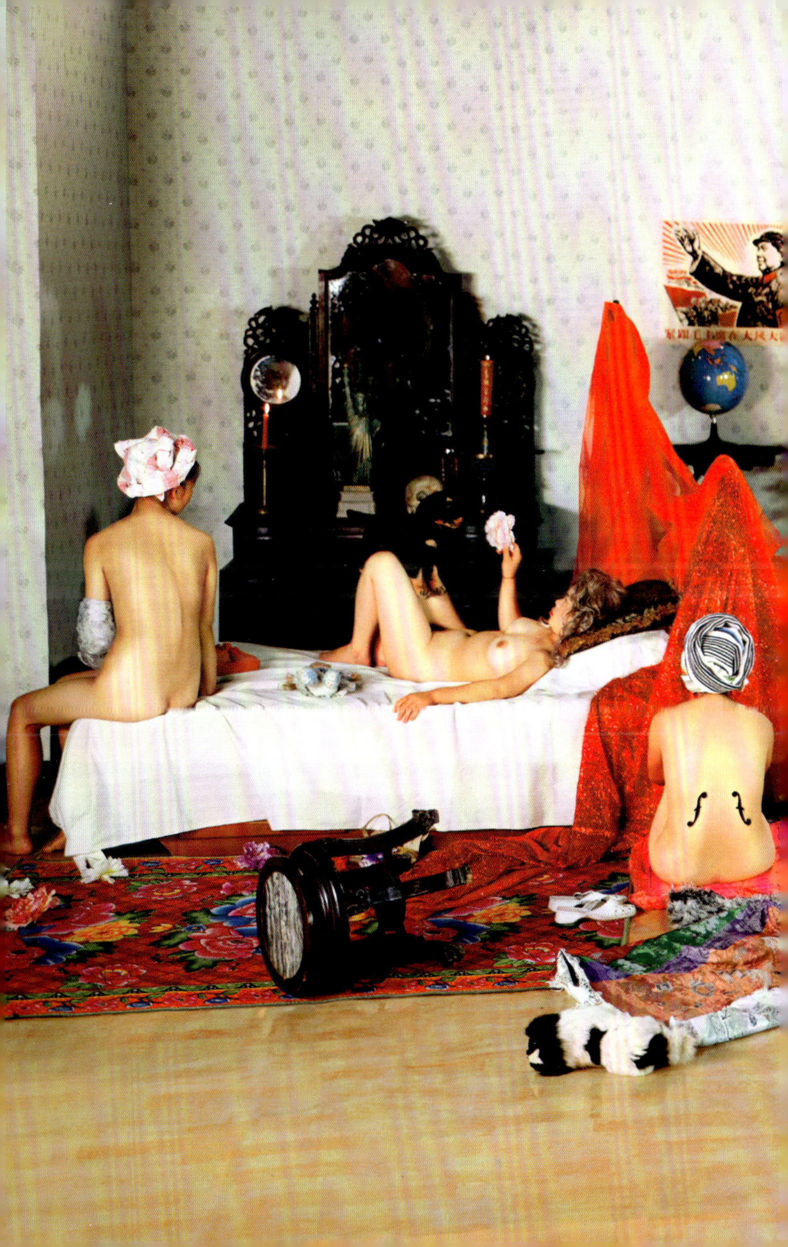

Pré-incarnation
前世

2002

Ce triptyque s'inspire des immenses statues bouddhiques qui trônent dans les lieux sacrés en Chine. Leur vernis a disparu, seule reste ici la terre qui démontre leur profonde fragilité. Elles sont en partie brisées. L'une ne tient que par des béquilles. Les deux autres sont dans un équilibre instable bien précaire. Les visages sont fatigués et les corps disgracieux. À leurs pieds se tient Wang Qingsong, armé d'une hache et d'une scie, prêt à poursuivre leur destruction. *Pré-incarnation* est pour l'artiste l'évocation dramatique de l'érosion des valeurs traditionnelles dans le monde d'aujourd'hui. Leur perte ne semble conduire qu'à l'inéluctable destruction de la culture et de la civilisation.

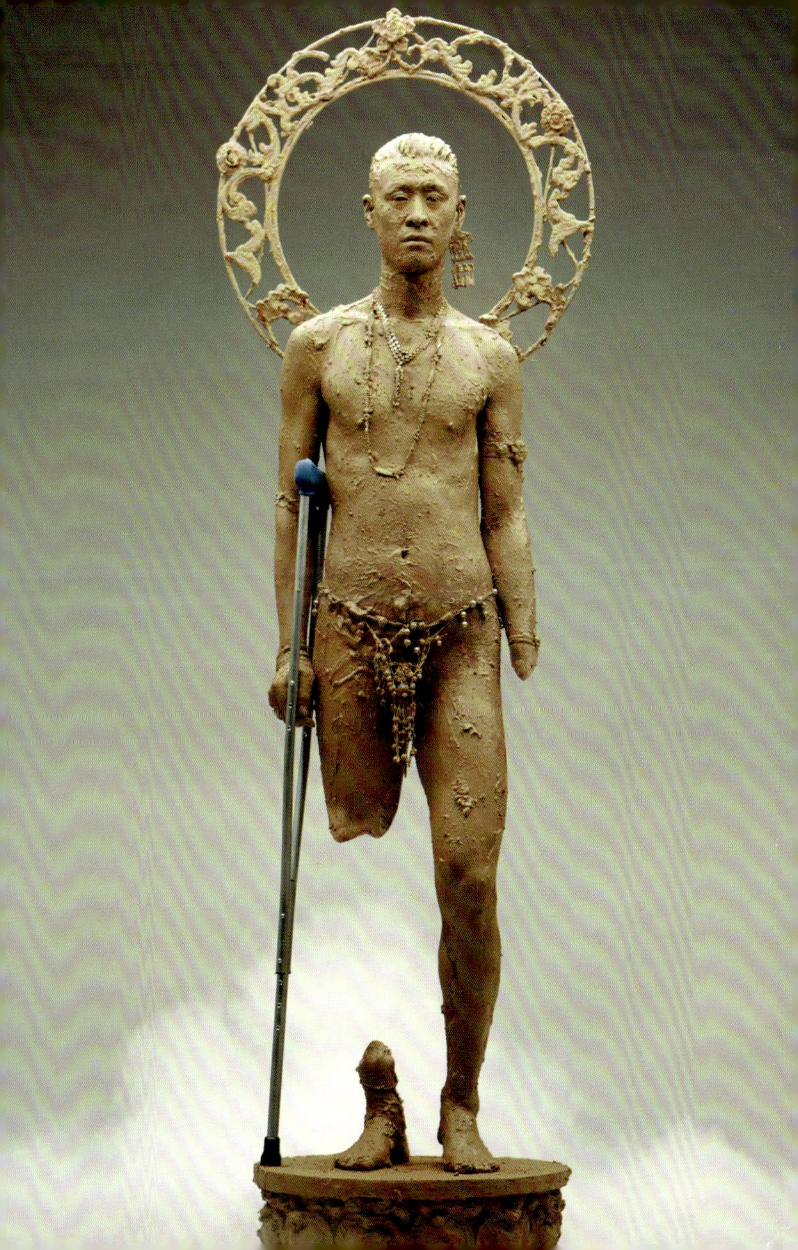

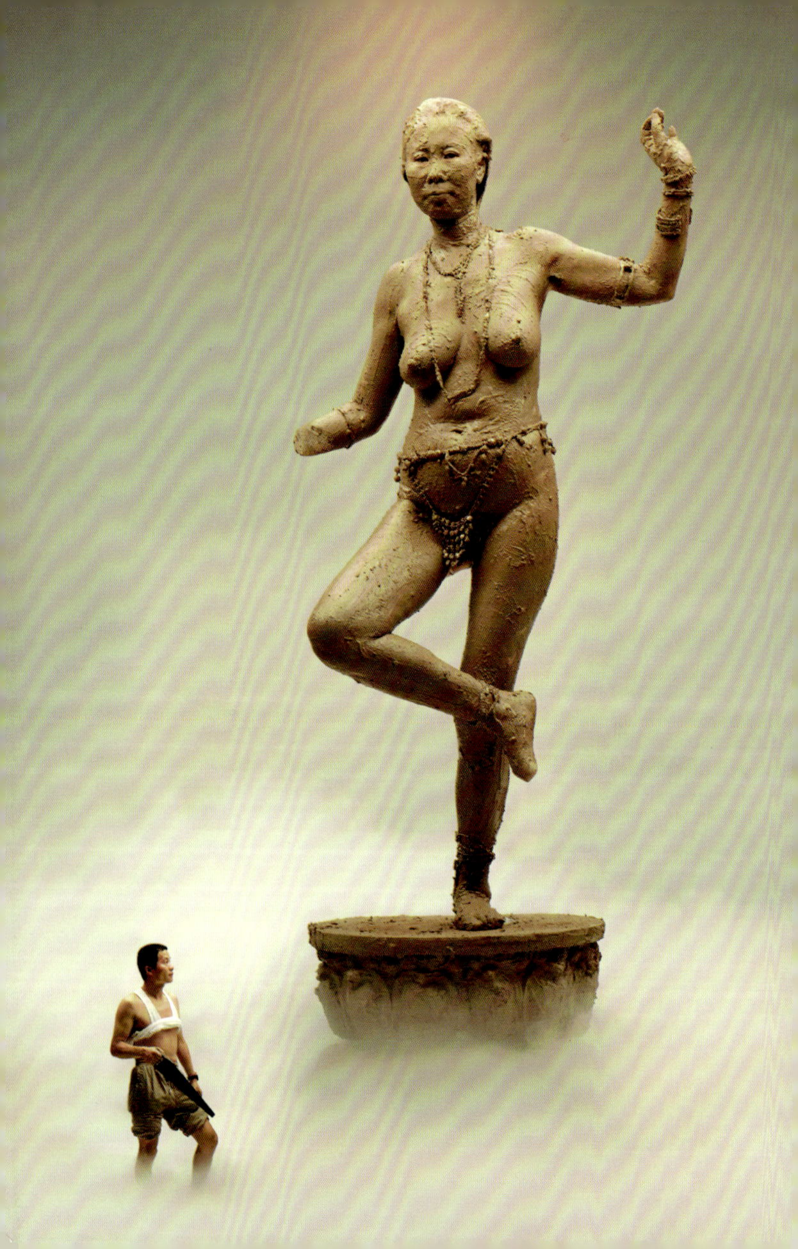

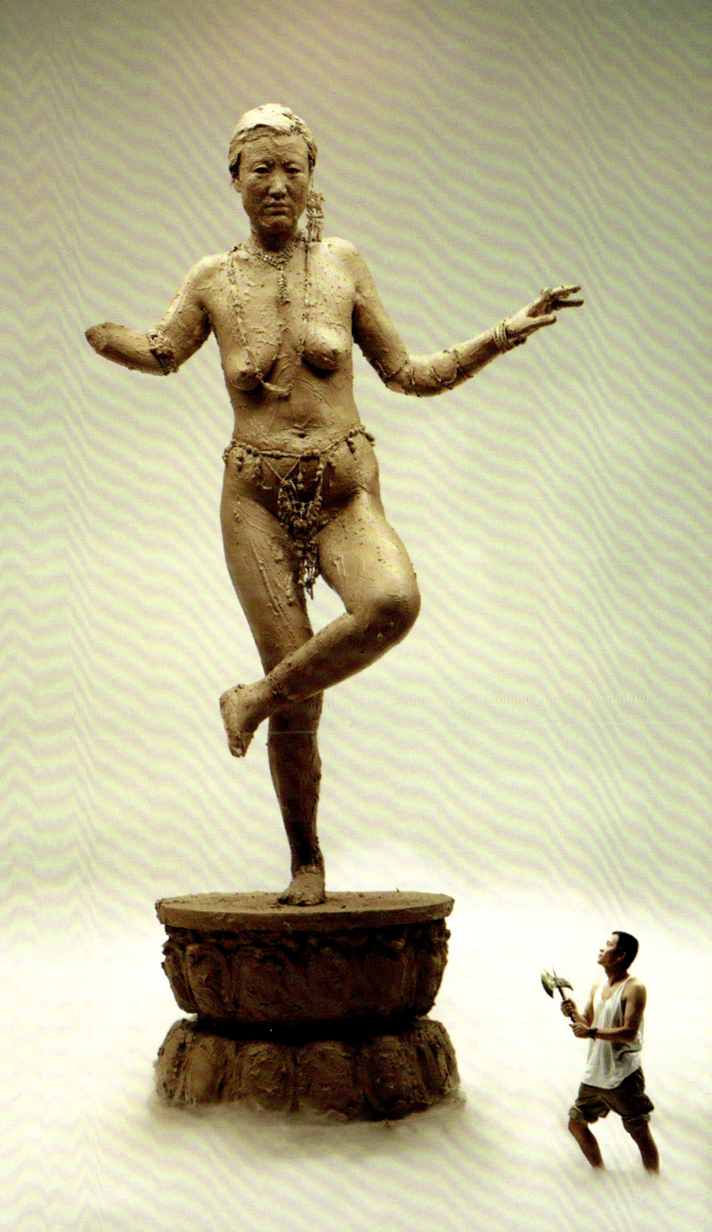

Incarnation
现世

2002

Incarnation poursuit la réflexion amorcée par *Pré-incarnation.* Cette fois, l'or brillant et lumineux généralement utilisé sur ces sculptures est remplacé par le vernis doré artificiel, symbole de la concupiscence consumériste propre au vocabulaire de l'artiste. Dans cette série, Wang Qingsong exprime sous un autre angle l'altération des valeurs bouddhistes. Il réagit à la pratique qui voit les gens aller au Temple dans le but de demander aux Dieux plus d'opulence, une voiture, un appartement, de l'argent... Ces divinités semblent ici affligées, ne comprenant pas la vénération qui leur est accordée. Le bouddhisme, censé historiquement prôner un détachement matériel, devient aujourd'hui l'incarnation du désir de richesse.

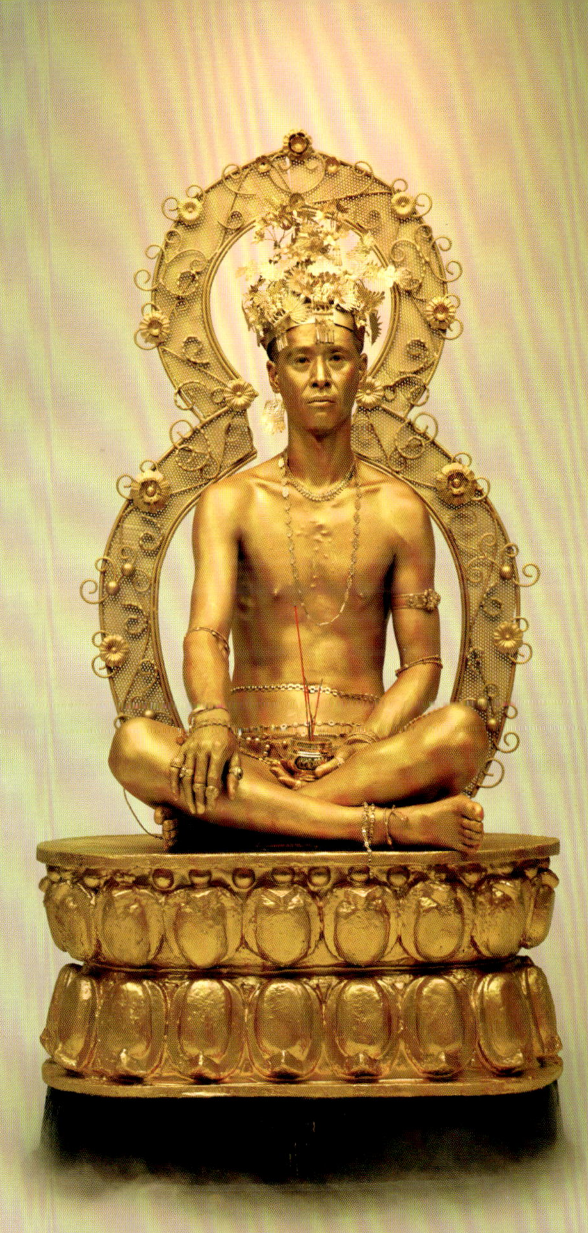

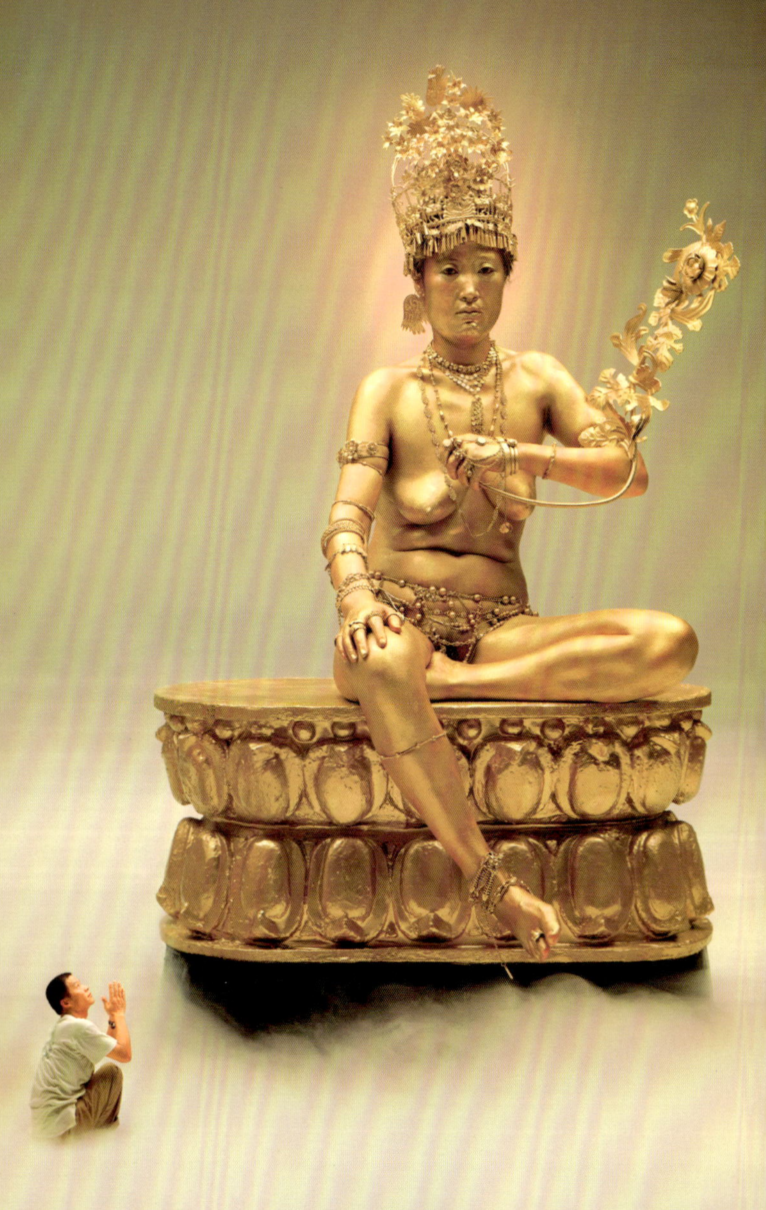

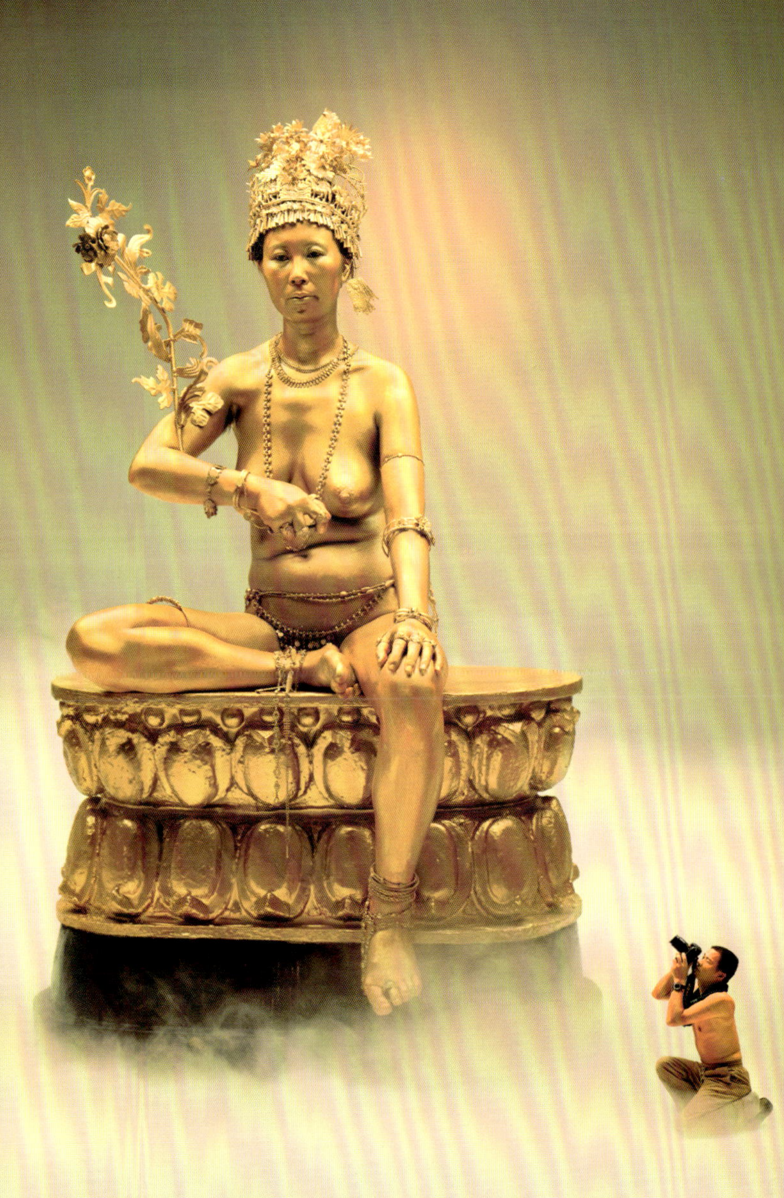

Passé, Présent, Futur
过去现在和将来

2001

Ce triptyque met en scène les sculptures monumentales iconiques, symboles du socialisme triomphant. Elles représentent le peuple chinois, marchant vers un futur meilleur. Chacune est réalisée dans une matière différente. La terre représente le passé, l'argent, le présent et l'or, le futur. Dans cette œuvre, Wang Qingsong pose la question de l'idéologie d'un peuple à travers le temps. En modifiant l'apparence, il montre que le vernis des idées a beau changer, le besoin qui conduit chaque peuple à croire en lui-même et à exprimer sa foi dans son destin, demeure. Les sculptures perdent leurs spécificités chinoises pour devenir le symbole de l'idéologie elle-même. Aujourd'hui, la croyance dans le capitalisme est devenue mondiale. Elle a remplacé la foi que l'on avait dans la monarchie ou le socialisme... Wang Qingsong dénonce la propension de chaque peuple à s'auto-idéaliser.

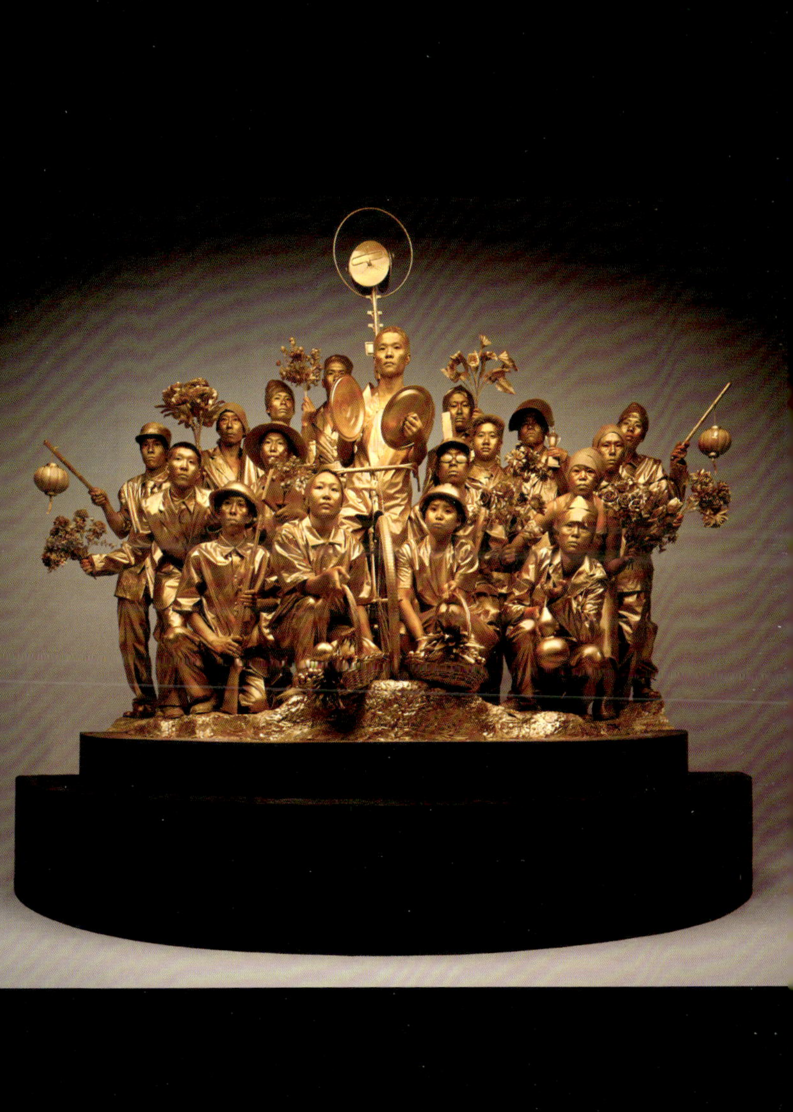

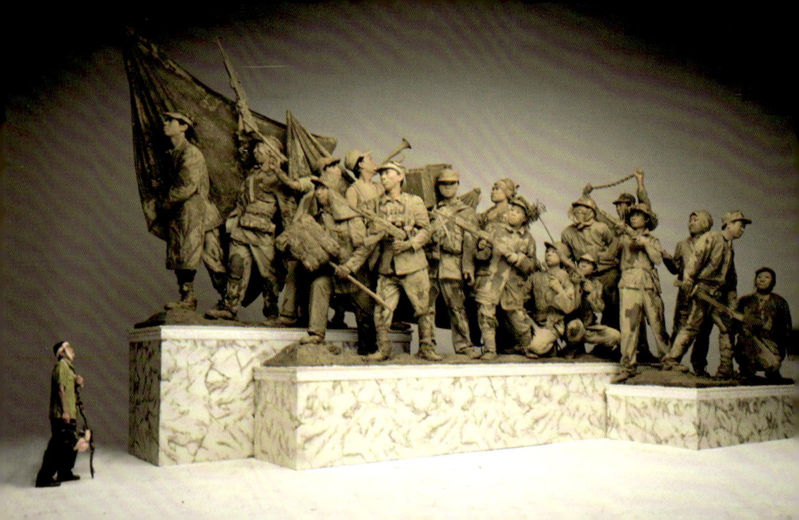

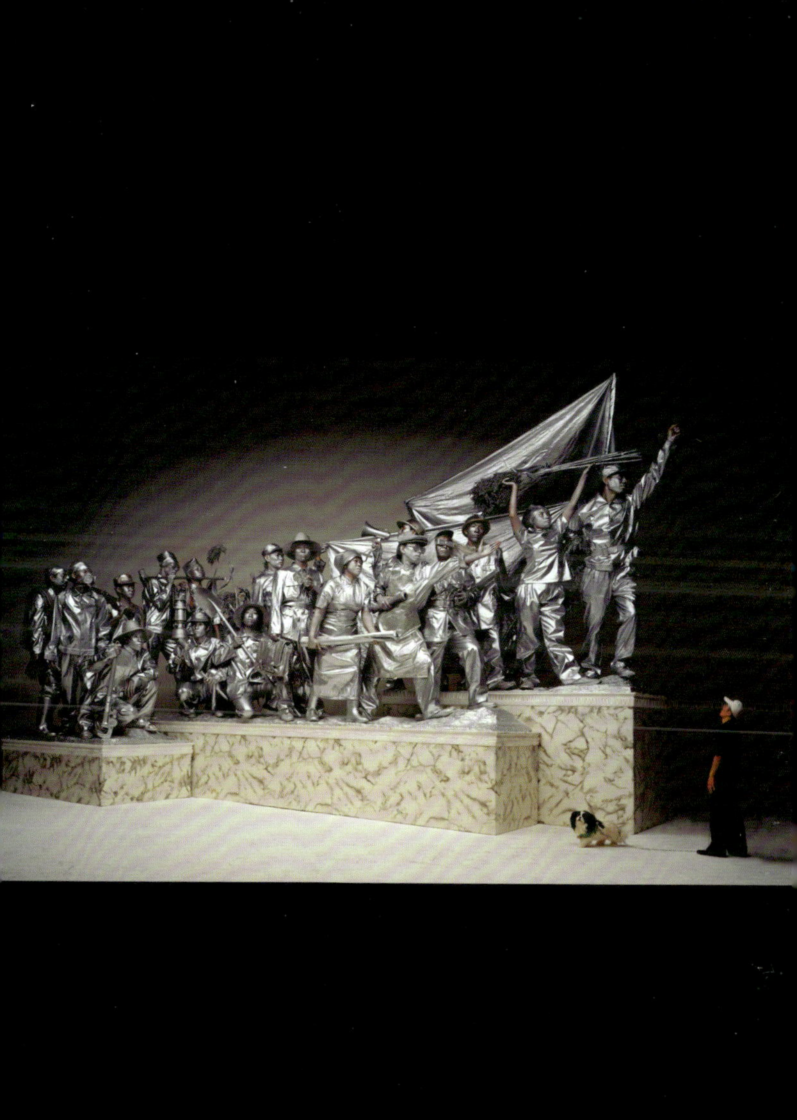

Offrandes
供品

2003

Cette image montre à quel point la dimension spirituelle s'est extraite du bouddhisme qui ne représente aujourd'hui plus que la quête de richesses. Après un déluge, les dévots se tournent, les bras remplis d'offrandes vers leur idole. Celle-ci, insensible, semble refuser les dons. Aux offrandes traditionnelles de fleurs et de nourriture, s'ajoutent des produits de marques et d'autres biens manufacturés de la société de consommation.

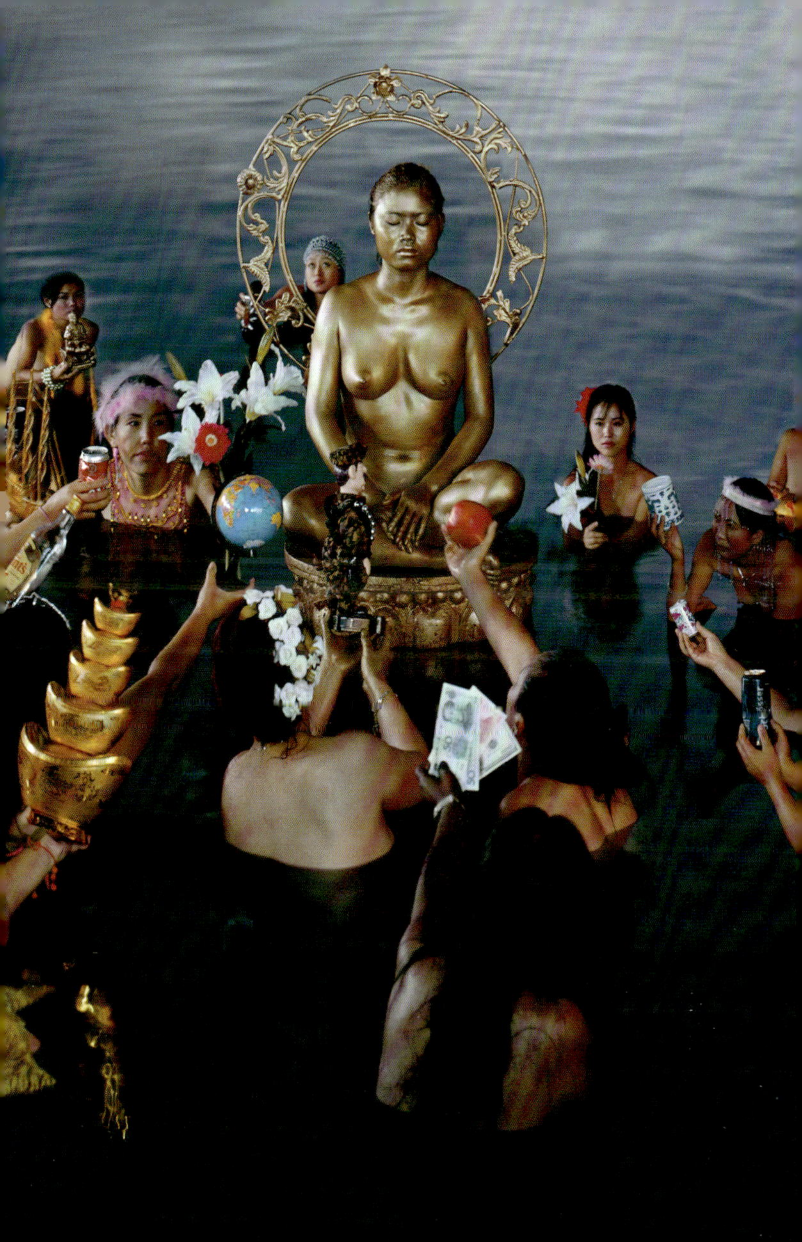

Photo Festival
摄影节

2005

Photo Festival décrit le battage médiatique qui accompagne l'art dans le monde entier. Rejouant *La Danse* de Matisse, les modèles sont encerclés par une horde de plus de 600 personnes. Ils portent chacun des imitations d'appareils photos en polystyrène, regardant sans voir la scène se déroulant sous leurs yeux. Wang Qingsong critique la starisation et la sur-médiatisation des grandes manifestations artistiques où le spectaculaire prend le pas sur le sens des œuvres. Il montre ainsi que la multiplication des sources d'informations, ne fait que créer bruit et confusion. La beauté de l'œuvre d'art disparaît laissant place à la vulgarité.

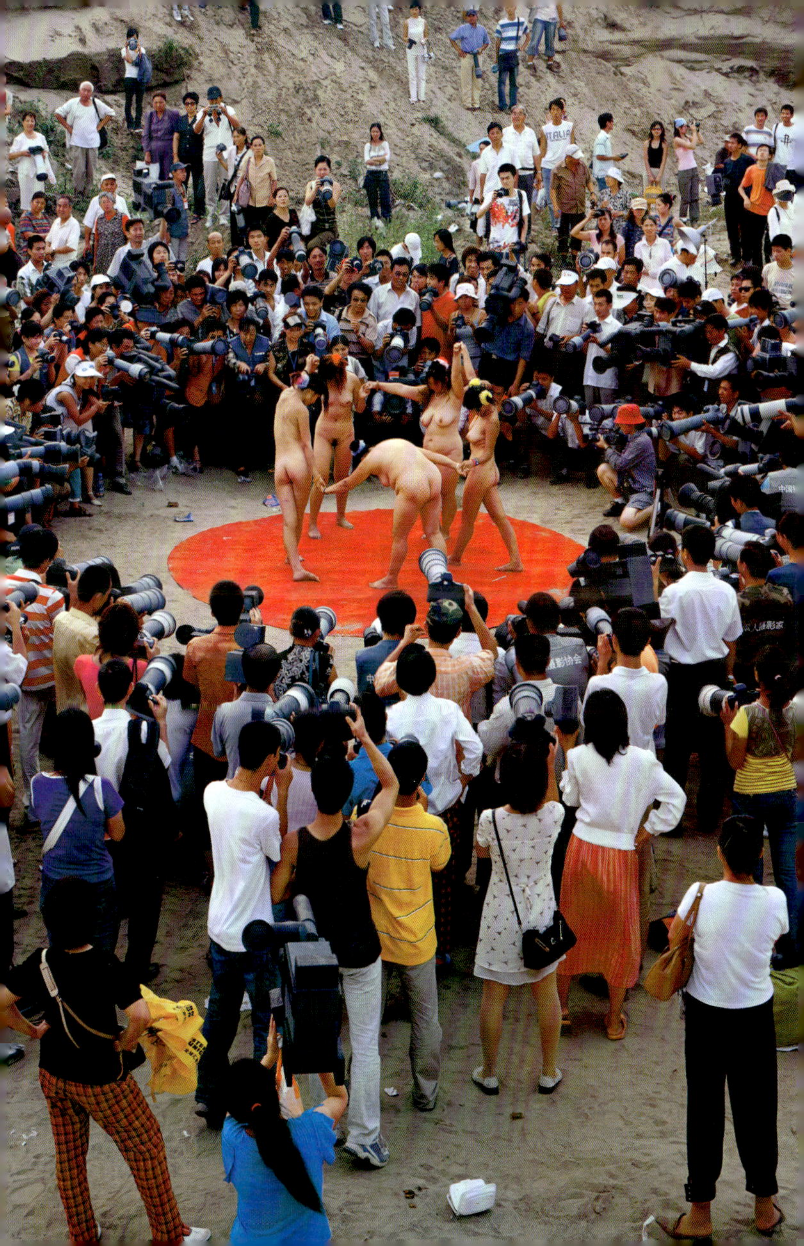

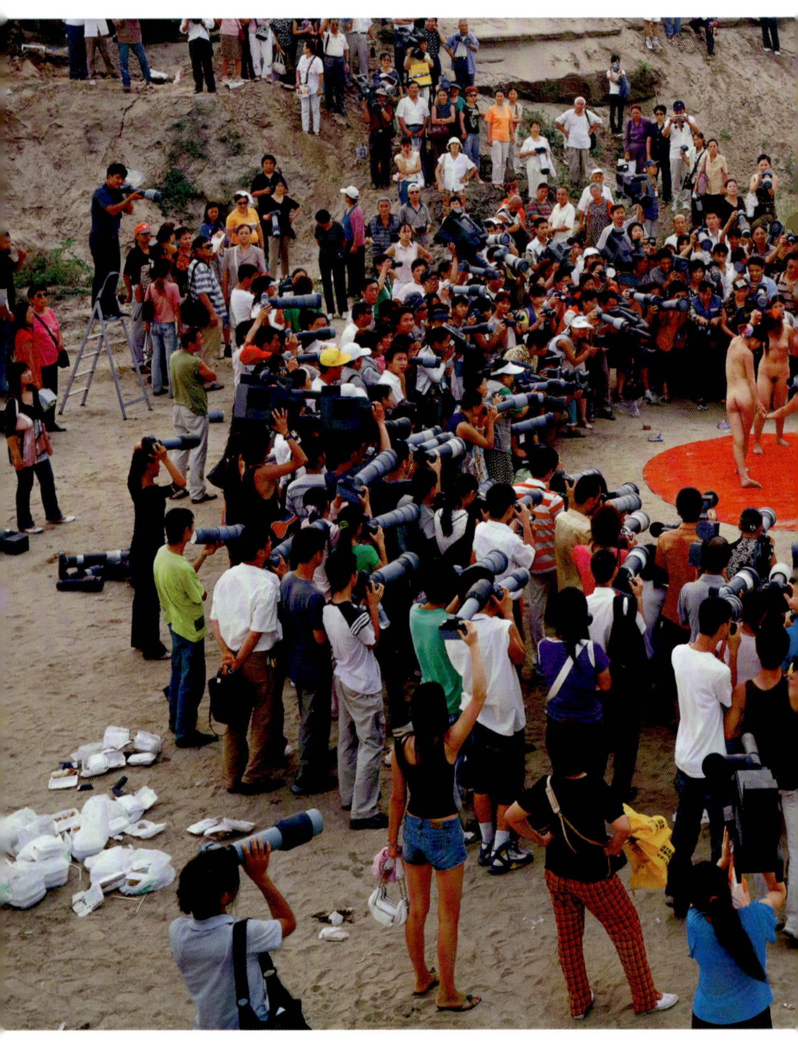

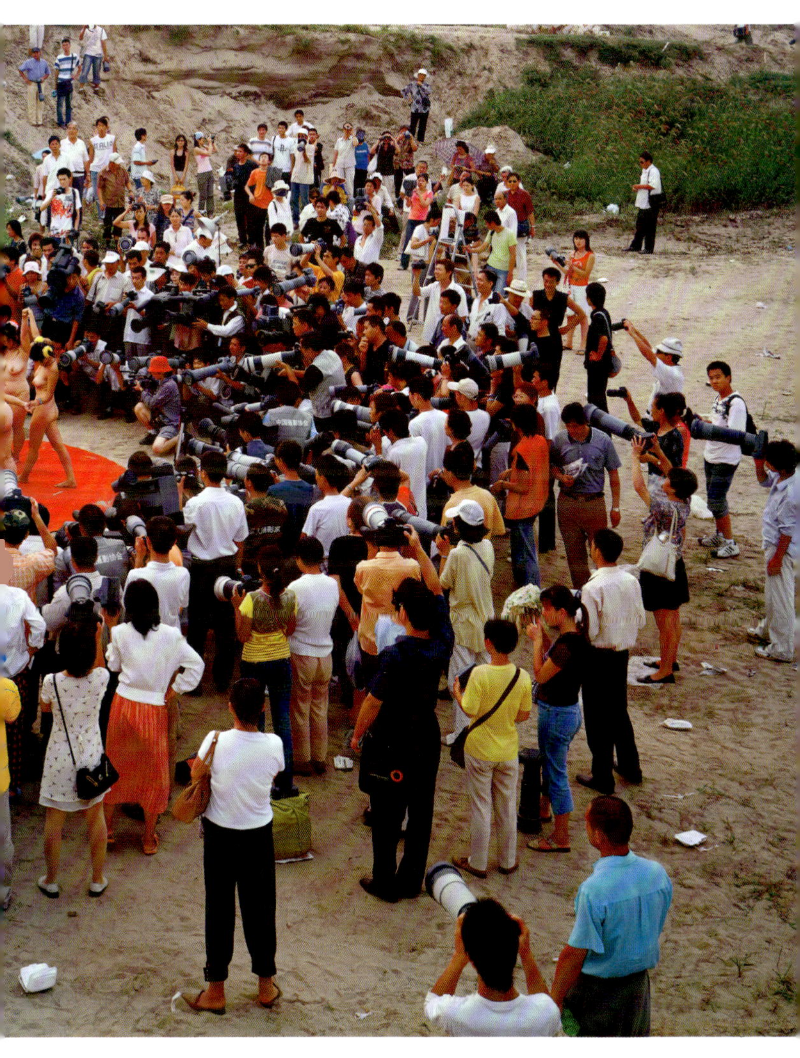

Salle d'Hôpital
临时病房

2008

Il s'agit de la première photographie réalisée par Wang Qingsong à l'étranger alors qu'il travaillait sur un projet pour un théâtre à Newcastle. Il décide de ne pas photographier la scène où la pièce se joue mais les gradins où se déroule un autre spectacle plus déchirant. Il nous montre l'envers du décor, ce que l'on ne devrait pas voir. A la beauté idéale de la représentation, il oppose le théâtre bien réel de la vie : plus de 300 personnes aux conditions dramatiques, masse d'êtres humains blessés représentés dans leurs peines et leurs souffrances.

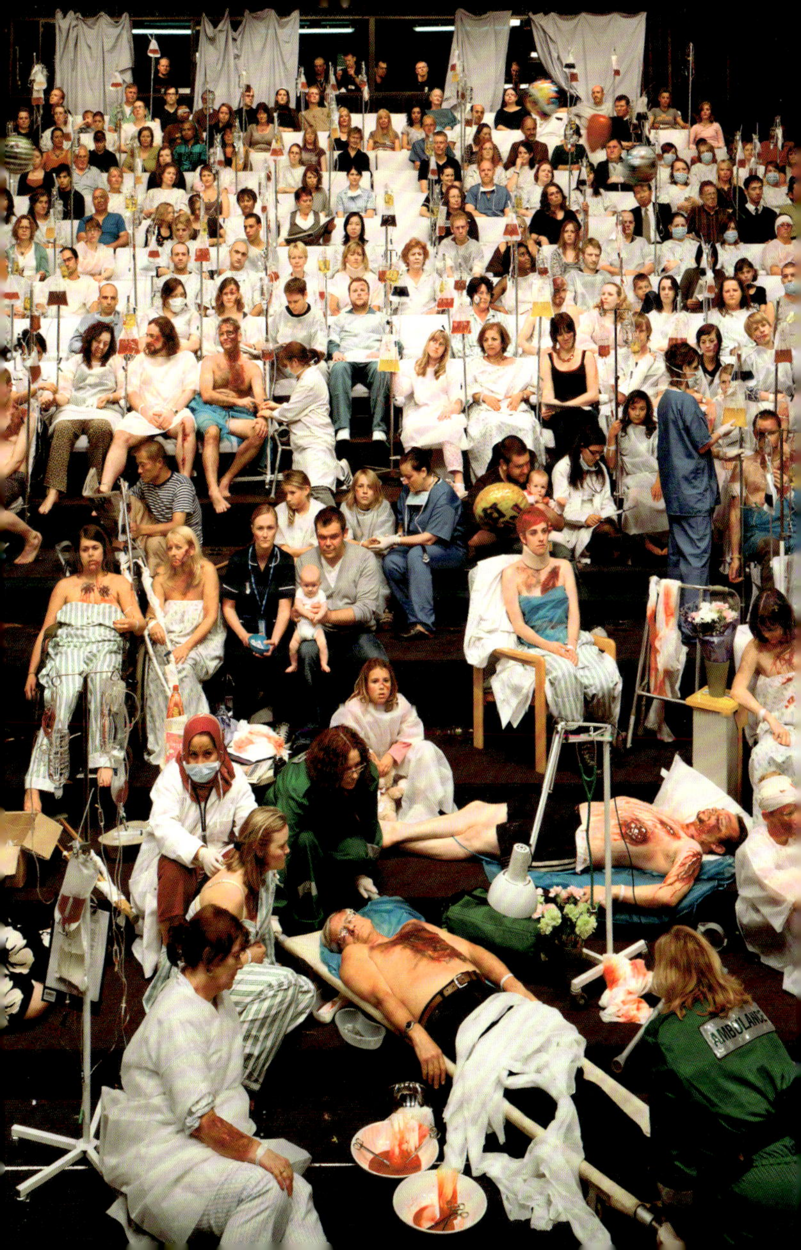
AMBULANCE

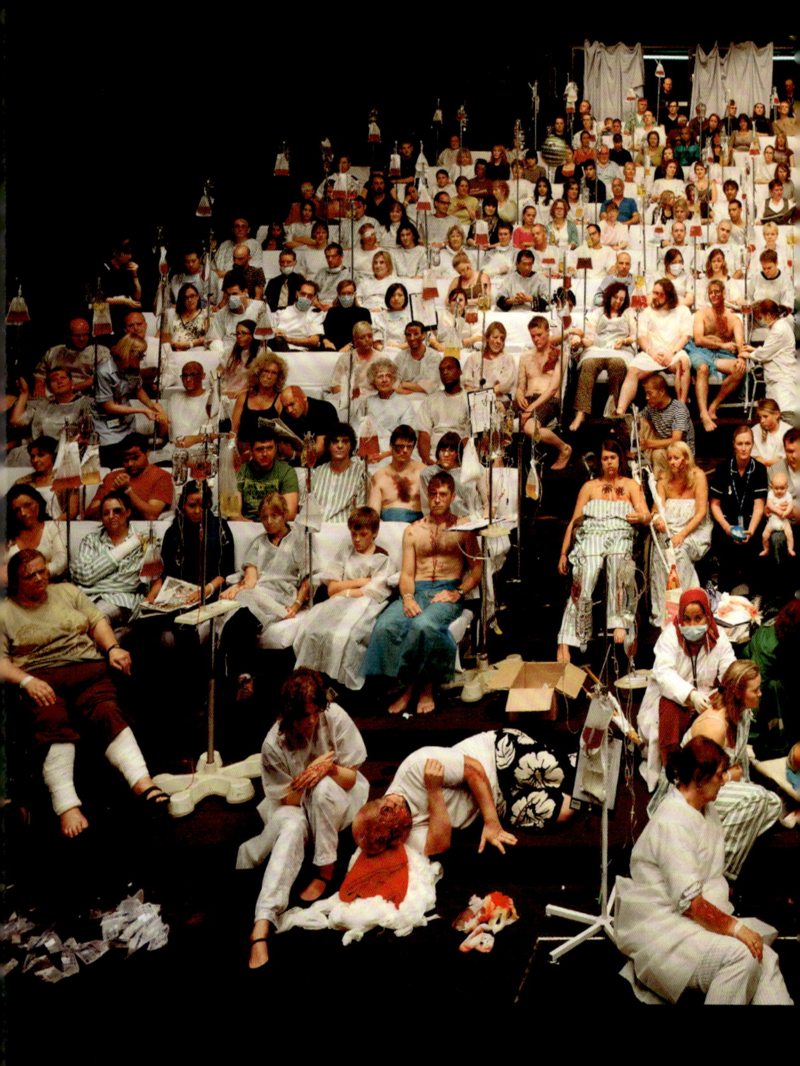

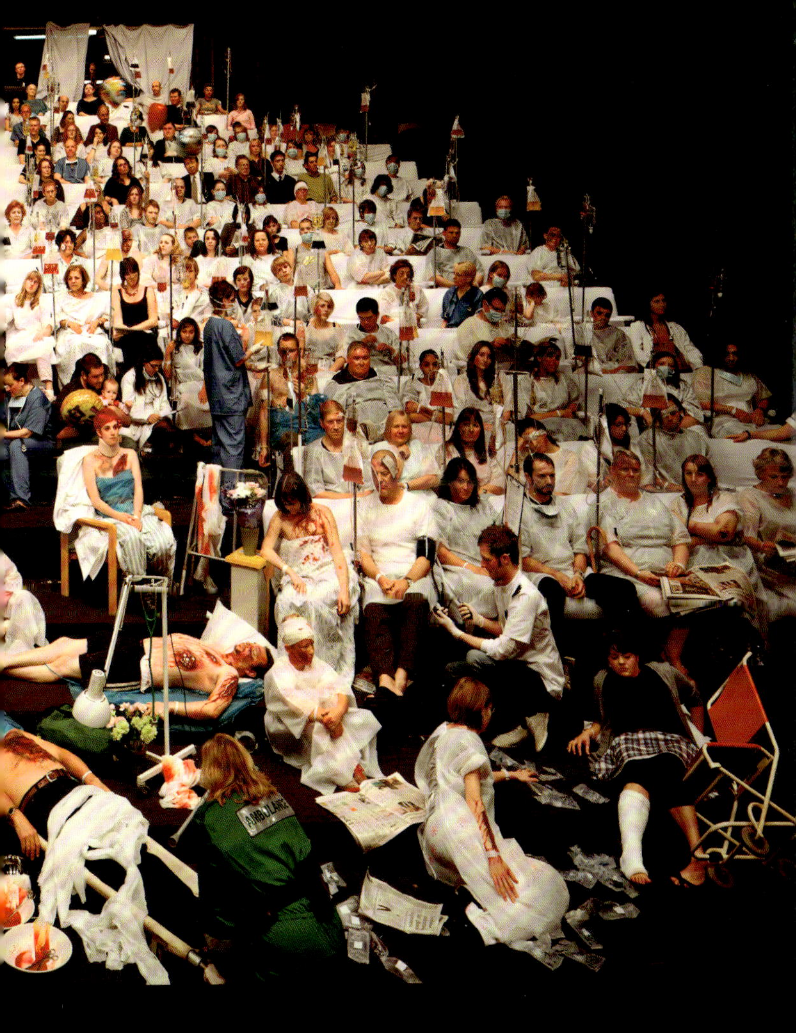
AMBULANCE

Siège Dur
硬座车厢

2008

Le train tient un rôle très important dans la société chinoise. Du retour dans sa famille pour le Nouvel An, aux espoirs d'une nouvelle vie, il incarne la mobilité sociale vécue par la Chine depuis les réformes. Dans ce triptyque, Wang Qingsong nous renvoie à ces mémoires collectives. En remplissant progressivement le train de ses passagers, il décompose les fonctions matérielles, psychologiques et sociales du train pour faire transparaître le sentiment de chaos et de claustrophobie vécus par les millions de passagers ordinaires qui traversent le pays en quête d'une vie meilleure.

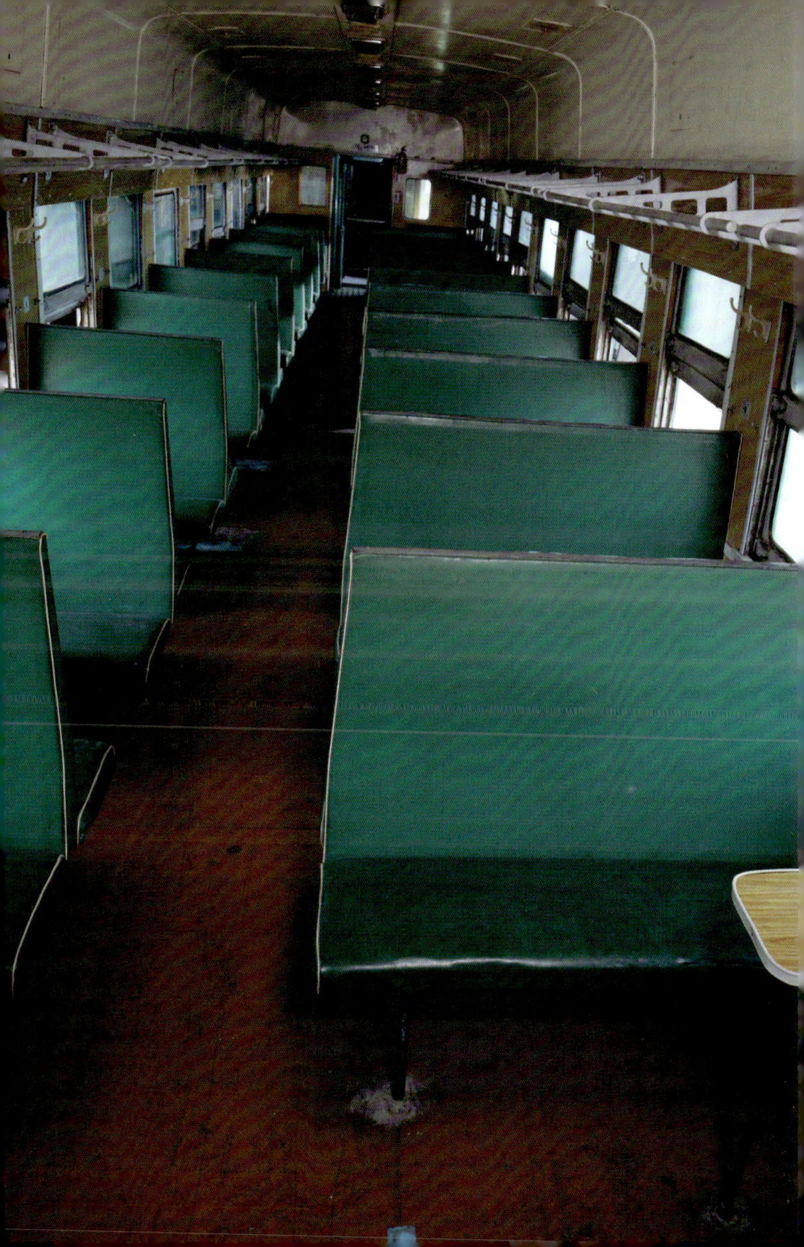

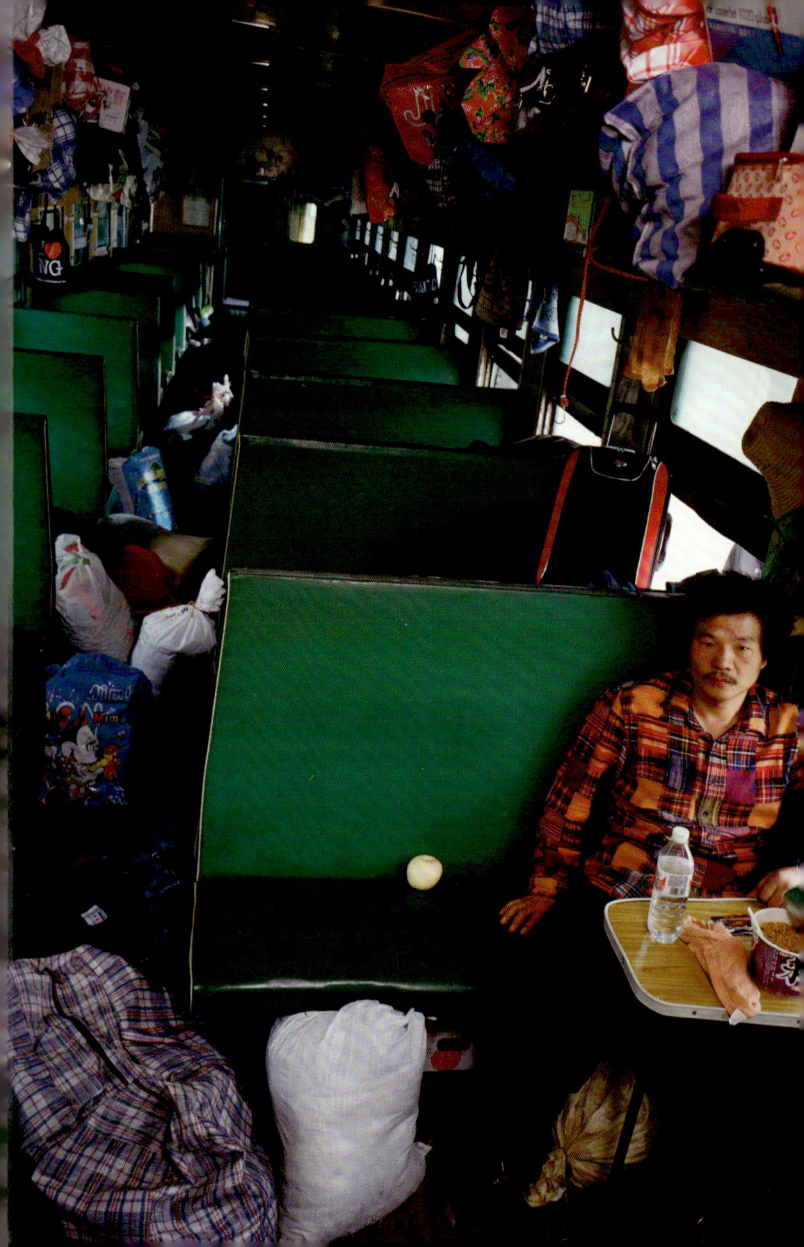

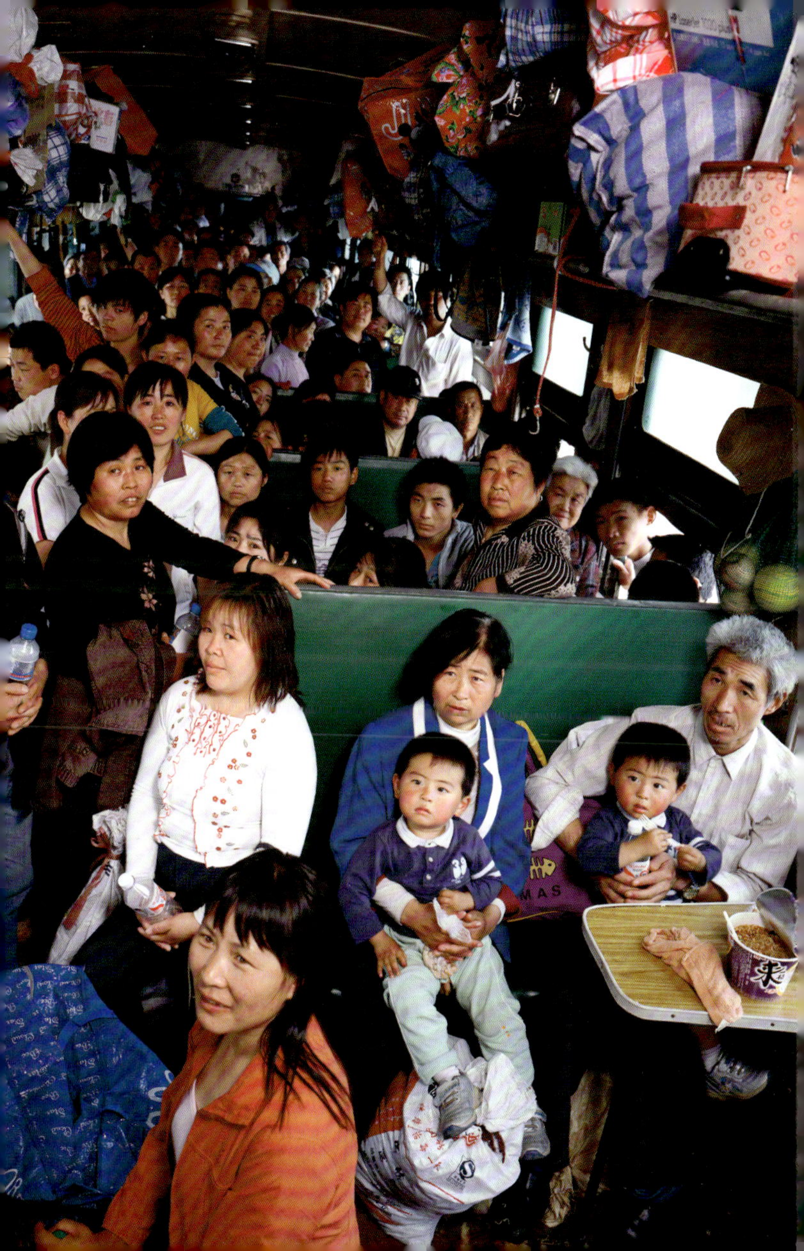

Nations Unies

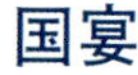

2007

Pour illustrer la vacuité des grandes rencontres internationales, *Nations Unies* met en scène le rassemblement de plus de 1300 personnes regroupées autour de tables en forme des initiales de l'organisation. Les invités se goinfrent de fast-food en discutant des rêves qu'ils entretiennent pour le monde de demain. La structure avant/après du diptyque confronte le spectateur à ce qui demeure quand tout est fini : des déchets et un grand vide. Tout cela n'a servi à rien.

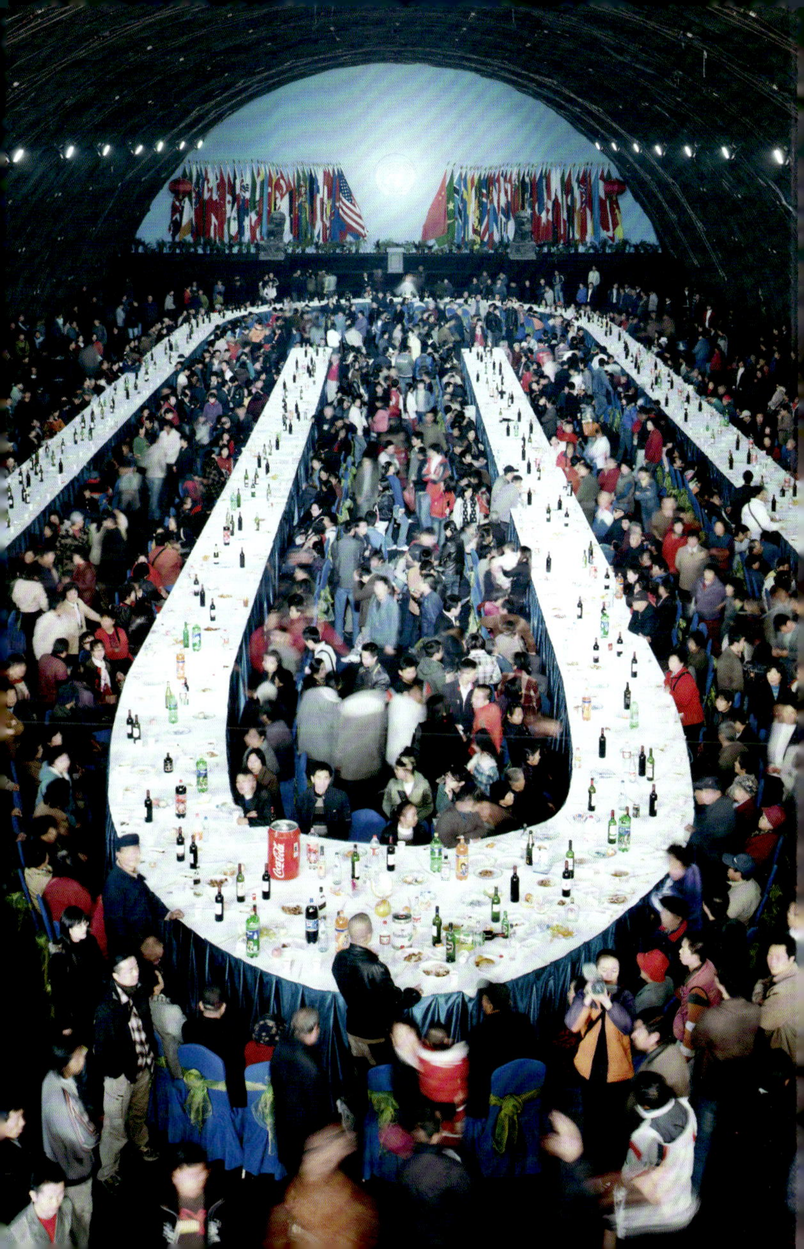
Coca-Cola

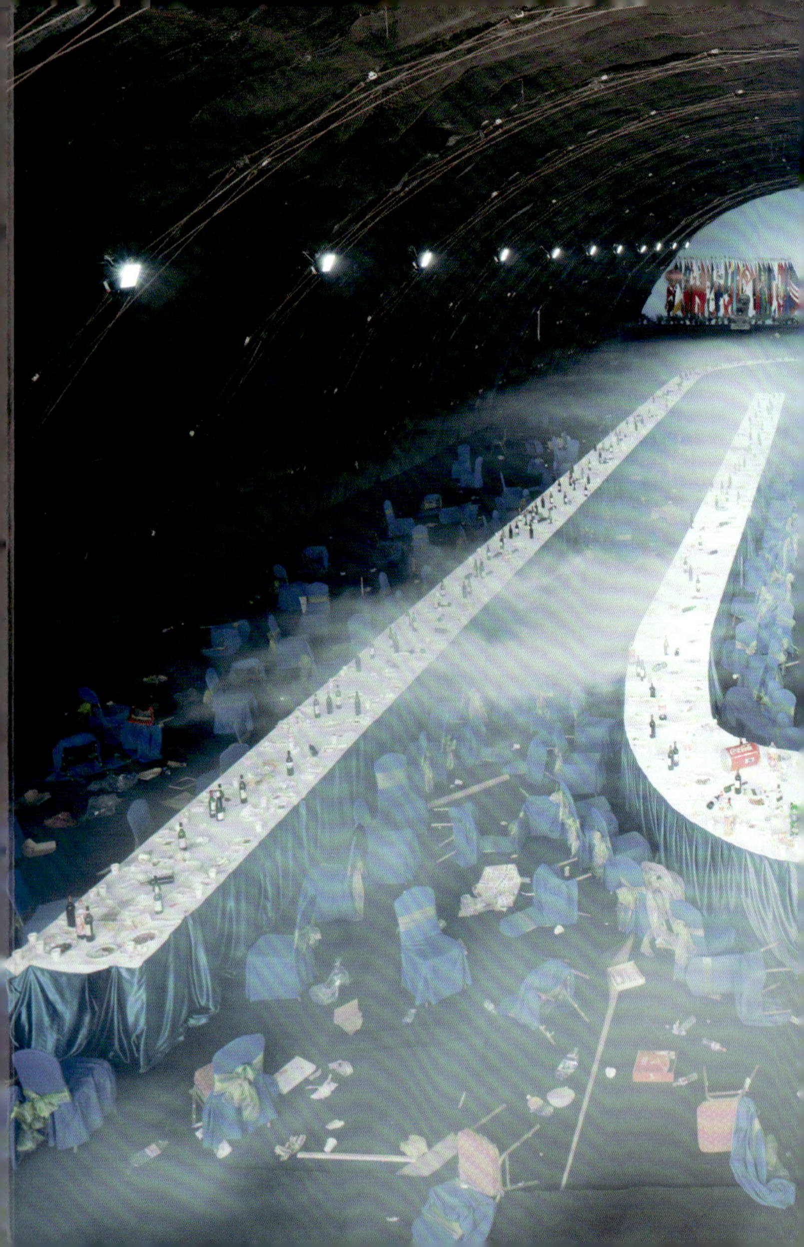

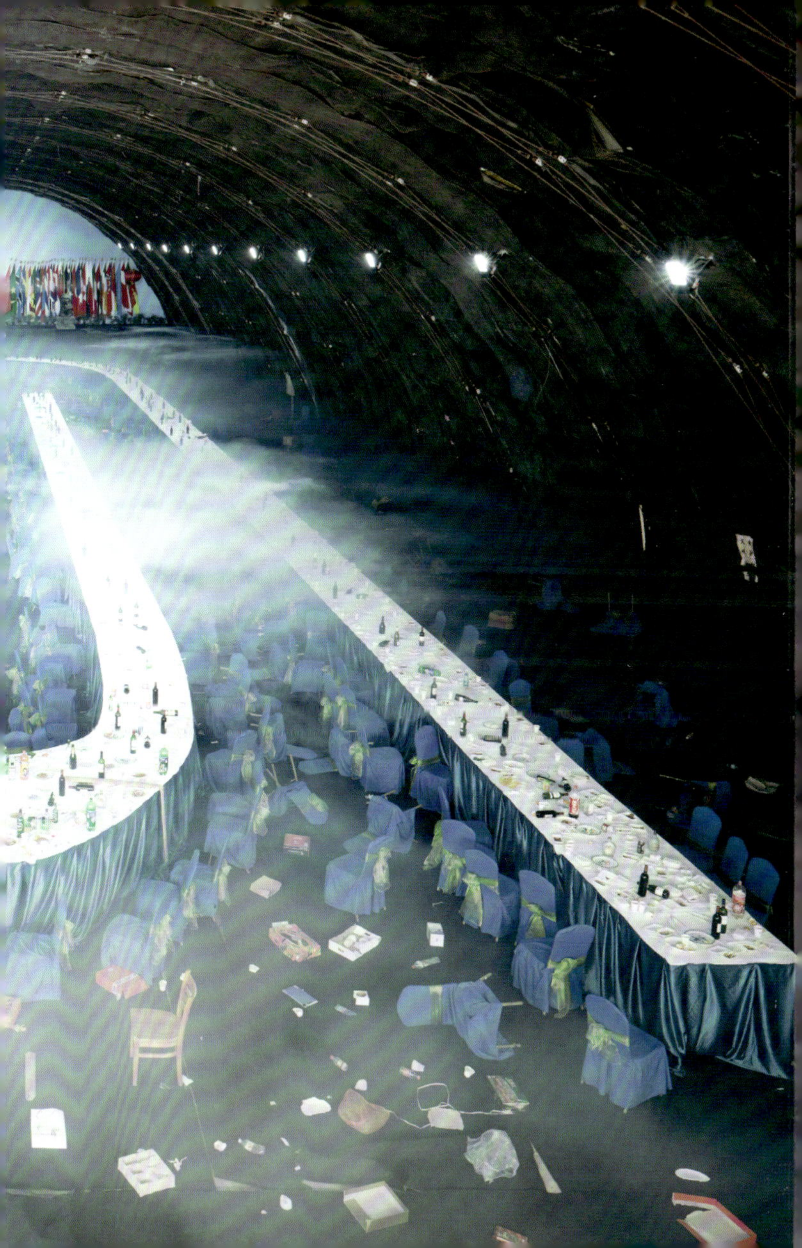

Suivez-Moi
跟我学

2003

« Que la Chine marche vers le monde ! Que le monde apprenne la Chine ! ». C'est le slogan qu'illustre *Suivez-moi*. Ce titre fait référence à un programme télévisé très populaire dans les années 1980 qui visait à apprendre l'anglais au plus grand nombre. Le professeur Wang Qingsong désigne un gigantesque tableau. Ce qui y est écrit ressemble à l'insoluble équation de notre monde globalisé où des milliers d'informations, de formules et de logos de toutes les langues et disciplines se côtoient dans la confusion la plus totale. Il est amusant de noter que l'œuvre la plus iconique de Wang Qingsong a été créée en réaction à ceux qui critiquaient le gigantisme de ses productions. En réponse, cette œuvre est réalisée avec une simple boîte de craies.

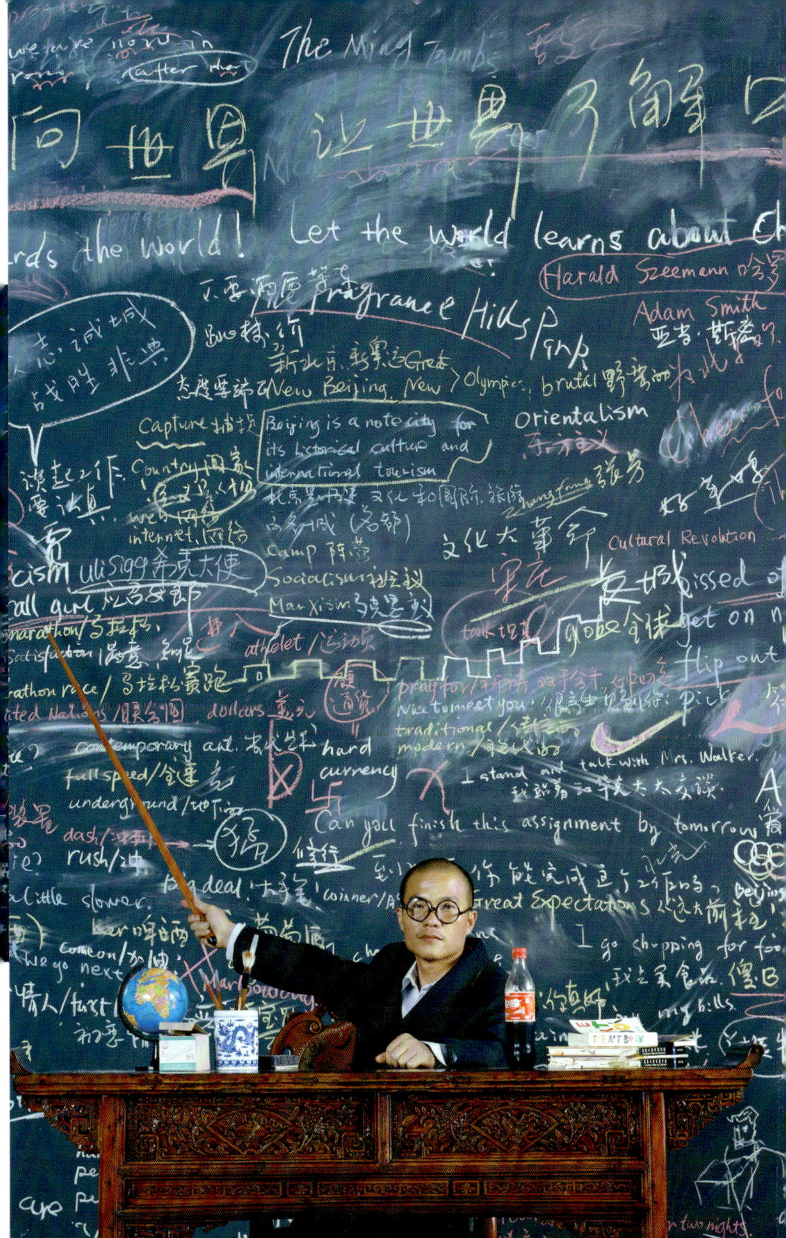

The Ming Tombs
让世界了解
the world!
Let the world learns about
Harald Szeemann
Adam Smith
Fragrance Hills Park
New Beijing
Olympics
brutal
Orientalism
Capture 捕捉
Beijing is a noted city for its historical culture and international tourism
internet
文化大革命
Cultural Revolution
camp
Socialism 社会主义
Marxism 马克思主义
athelet
flip out
Nice to meet you
traditional
modern
dollars
contemporary art 当代艺术
hard currency
full speed/全速
talk with Mrs. Walker.
I stand and
underground
dash
rush
Can you finish this assignment by tomorrow
Great Expectations
slower
I go shopping for food
THE ART BOOK

Compétition
大摆战场

2004

Wang Qingsong a conçu cette photographie en réaction à la marchandisation de l'espace urbain. Chaque jour, de nouvelles marques et boutiques apparaissent et se livrent une lutte pour l'occupation de l'espace public. Pour illustrer cette compétition, il a fait réécrire à la main, à la manière des posters de propagande socialiste, les noms et slogans de plus de 3000 marques. Collés sur les murs d'un gigantesque hangar, elles avalent l'espace pour n'y laisser que bruit et confusion.

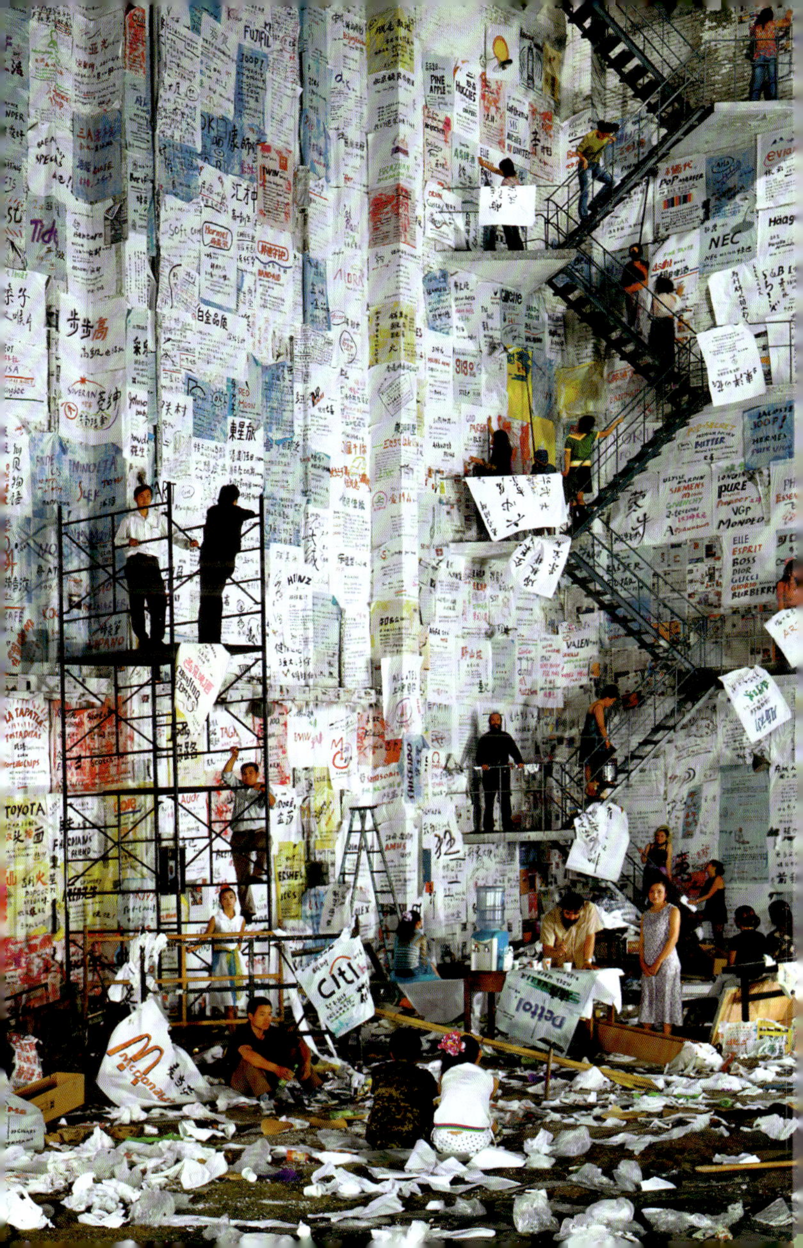

NEC
TOYOTA
Citi
Dettol
HEINZ
BMW
AUDI
SIEMENS
PURE
VGP
MONDEO
ELLE
ESPRIT
BOSS
DIOR
GUCCI
BURBERRY
HERMES
步步高
白金尚康
东星派

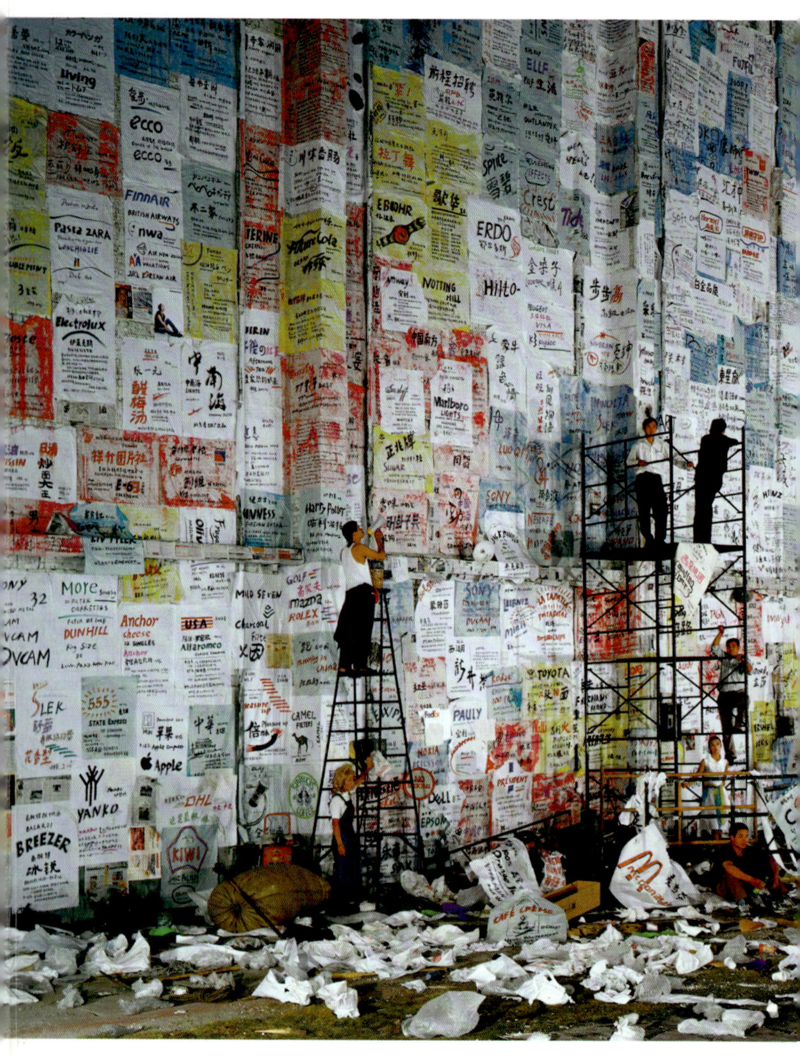

Living
ecco
FINNAIR
BRITISH AIRWAYS
nwa
Pasta ZARA
Electrolux
前程招聘
NOTTING HILL
ERDO
Hilto-
Marlboro
Harry Potter
SONY
More
Anchor
cheese
DUNHILL
USA
MILD SEVEN
mazda
ROLEX
Charcoal
DVCAM
555
STATE EXPRESS
Apple
CAMEL
PAULY
TOYOTA
NOKIA
Dell
EPSON
FedEx
PRESIDENT
YANKO
BREEZER
DHL
KIWI
CAFÉ CRÈME

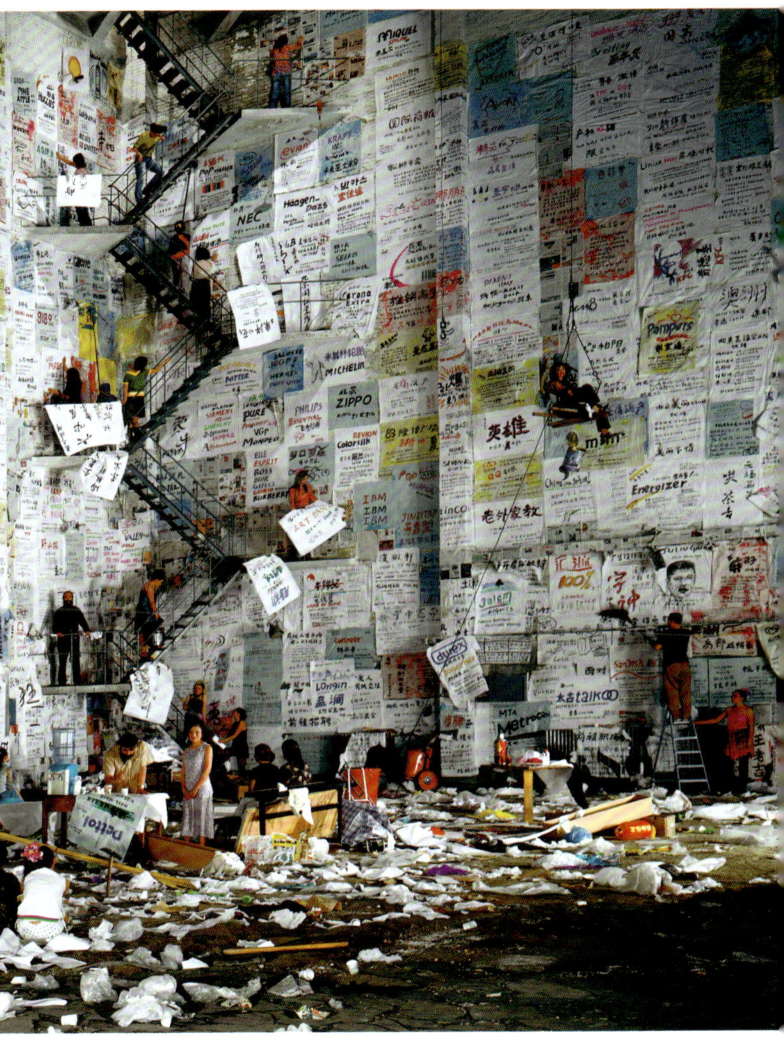

NEC
evian
MICHELIN
ZIPPO
IBM
IBM
IBM
Energizer
Pampers
PHILIPS
Metro

Dortoir
宿舍

2005

Dans cette image, Wang Qingsong imagine un impressionnant dortoir où l'empilement de centaines de lits devient la métaphore de la société urbaine. Malgré la densité et la taille démesurée de ce lieu, les existences de chacun sont compartimentées et les interactions quasi inexistantes. Les lits deviennent les symboles de la solitude où chaque personnage, nu, semble plongé dans ses rêves.

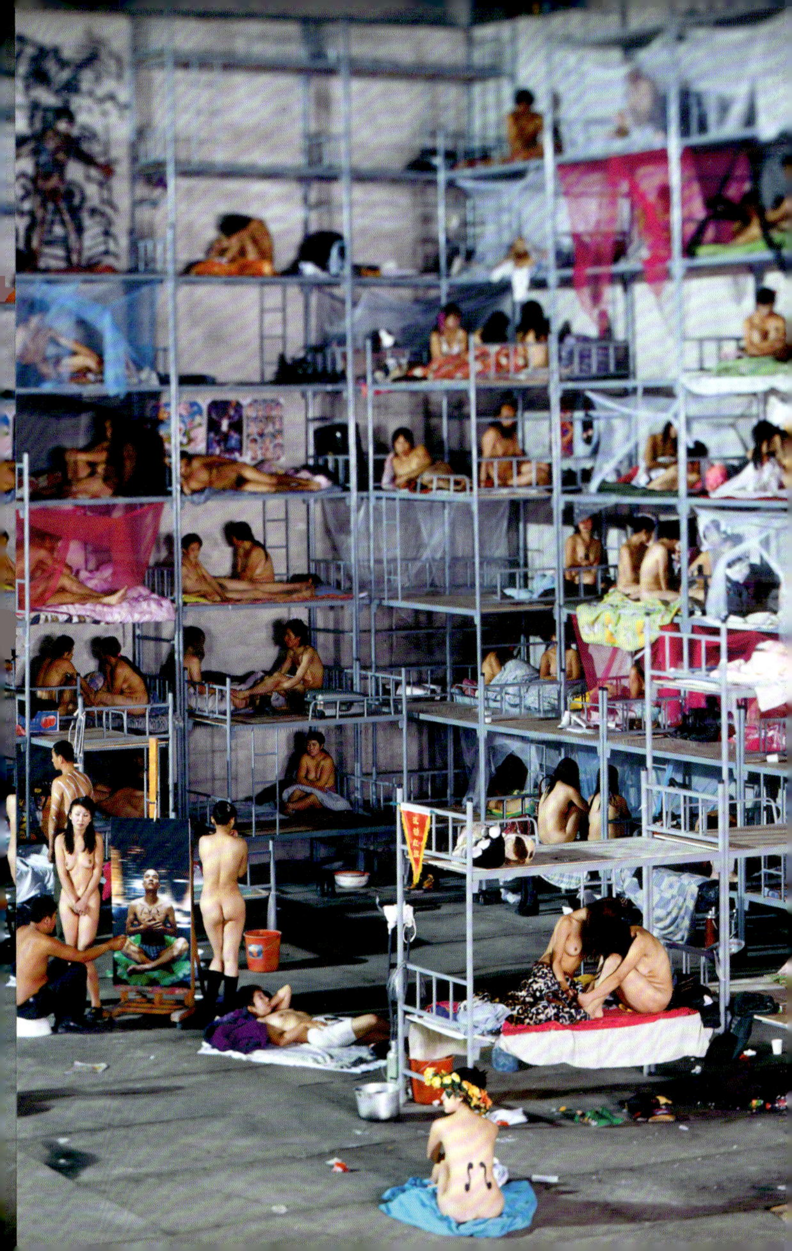

Araignée Venimeuse
毒蜘蛛

2005

L'araignée, prédatrice, tisse sa toile pour capturer sa proie. Elle y attire ses victimes à l'aide de phéromones sur son fil invisible. Une fois capturé, elle injecte son venin et dévore l'animal sans défense. Pour Wang Qingsong, l'araignée incarne à la fois l'attraction et le danger. De nombreuses légendes font part de la fascination qu'exerce chez nous la finesse et la beauté de ce piège mortel. Dans cette œuvre, la consommation devient la toile d'araignée dans laquelle nous sommes pris et les biens matériels en sont les appâts. Il nous montre ainsi que notre désir de jouissance est notre propre prison qui nous conduit vers une fin inéluctable.

Suivez Le
王庆松

2010

Cette œuvre est la continuation de *Suivez-Moi.* Il a fallu à Wang Qingsong plus d'une année pour collecter ces 17 tonnes de vieux livres de multiples disciplines venant de différents pays et pour laisser la poussière s'y déposer avant de pouvoir enfin réaliser cette photographie. L'artiste joue ici, le rôle d'un intellectuel, entouré d'un monticule de feuilles blanches jetées au sol. Cette œuvre pose un regard critique et ironique sur la figure du penseur ou du créateur à l'heure de la bibliothèque universelle. Malgré cette montagne de livres, le personnage peine à trouver l'inspiration. Wang Qingsong dénonce ainsi l'accumulation matérielle des objets du savoir. Pour lui, la pensée n'est pas le produit d'une accumulation mais le fruit d'un surgissement. Avec cette image, il nous exhorte à penser par nous-même.

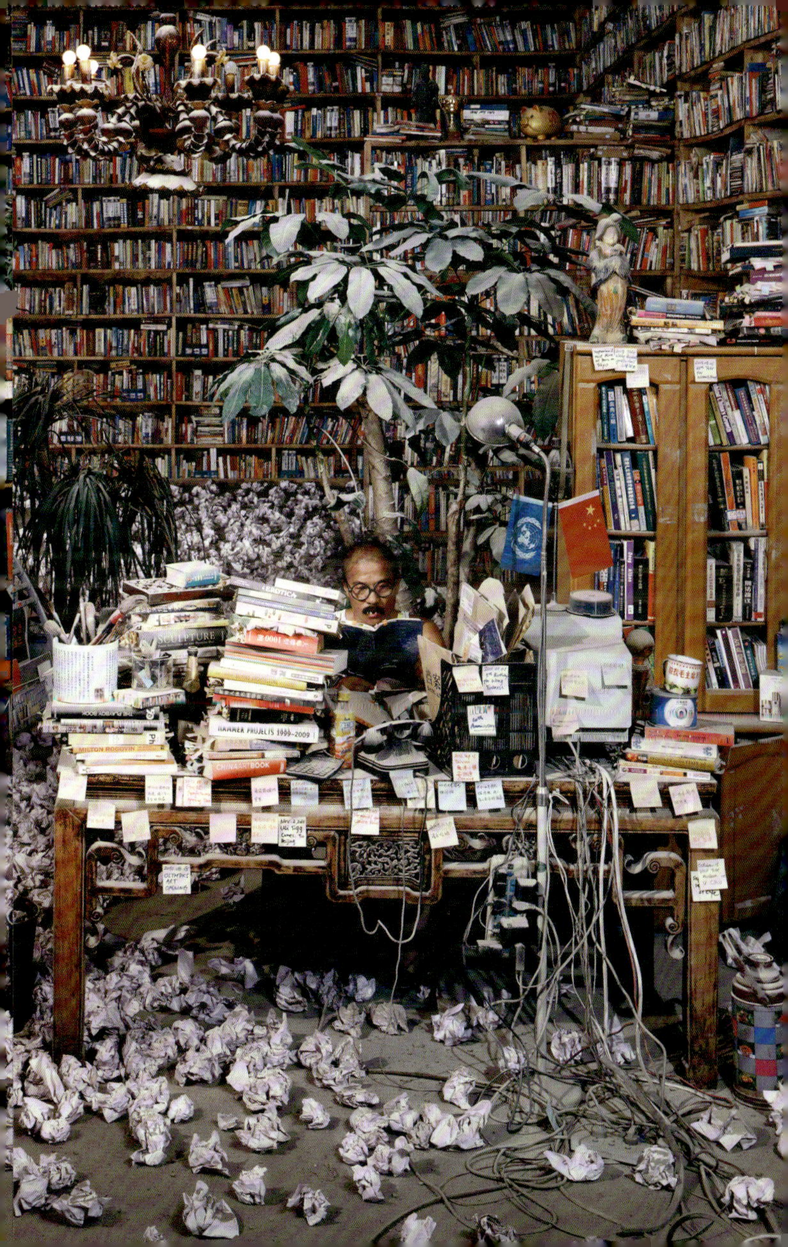

EROTICA
SCULPTURE
HAMMER PROJECTS 1999–2009
MILTON ROGOVIN
CHINAART BOOK

MoMA Studio
画室

2005

MoMA studio pose un regard cynique sur la marchandisation de l'éducation artistique. Un couple de modèles entourés par une horde d'apprentis peintres, photographes pose dans un style académique communément enseigné dans les écoles des Beaux-Arts. Décrivant un phénomène de société, cette œuvre illustre l'explosion du commerce de l'éducation. Les étudiants dont les notes sont basses, ne pouvant aller à l'université, se tournent vers des écoles d'art privées très chères. La culture est ainsi vendue au plus offrant, l'inégalité sociale face à l'éducation est croissante.

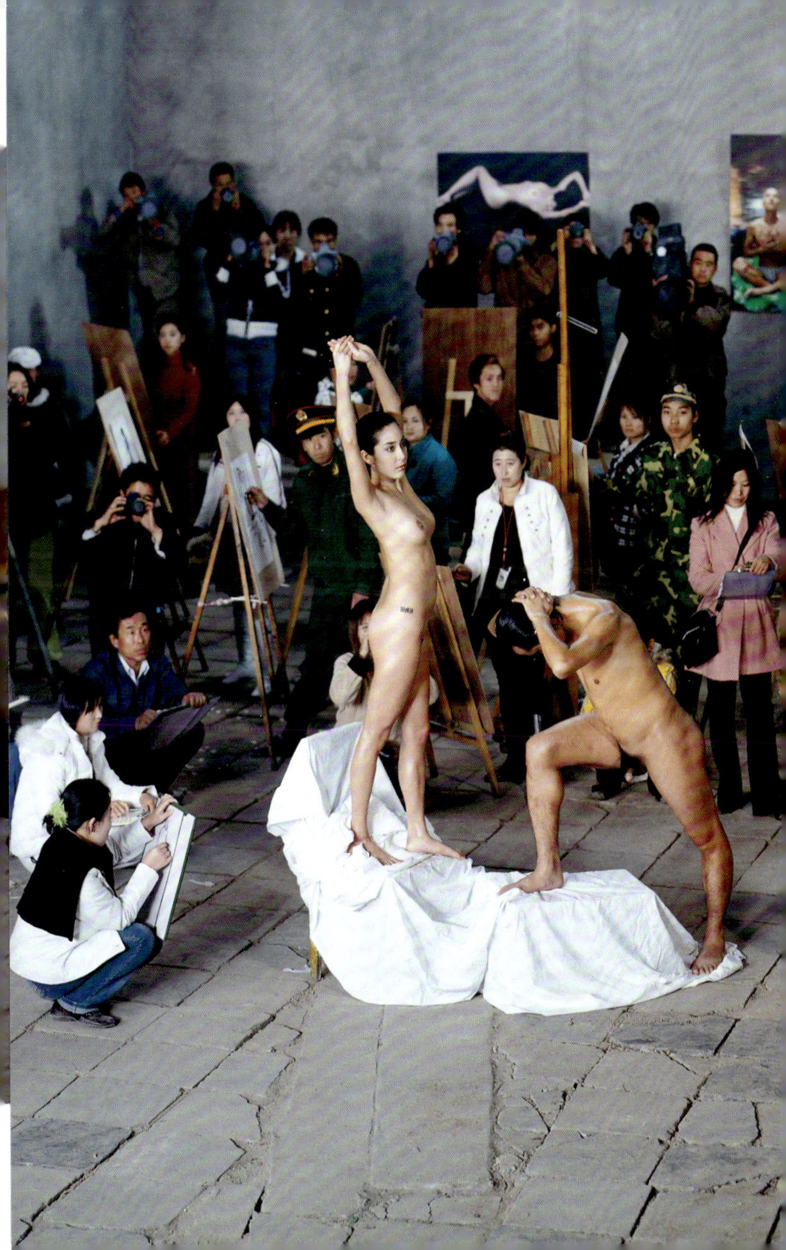

Lu Xun
鲁迅

2004

Lu Xun était un écrivain du début du XXème siècle et l'un des principaux penseurs de la modernité chinoise. Il fut l'un des premiers à introduire les idées occidentales en Chine, tout en critiquant violemment la décadence de l'identité chinoise. Wang Qingsong incarne l'écrivain en profonde contemplation, seul face à une tempête de neige. Cette photographie, véritable manifeste de Wang Qingsong, établit une troublante résonnance entre l'œuvre du photographe et celle de l'écrivain. Alliant le parodique à l'absurde, déjouant les codes attendus, l'esprit de Lu Xun semble se retrouver dans chacun des clichés de Wang Qingsong.

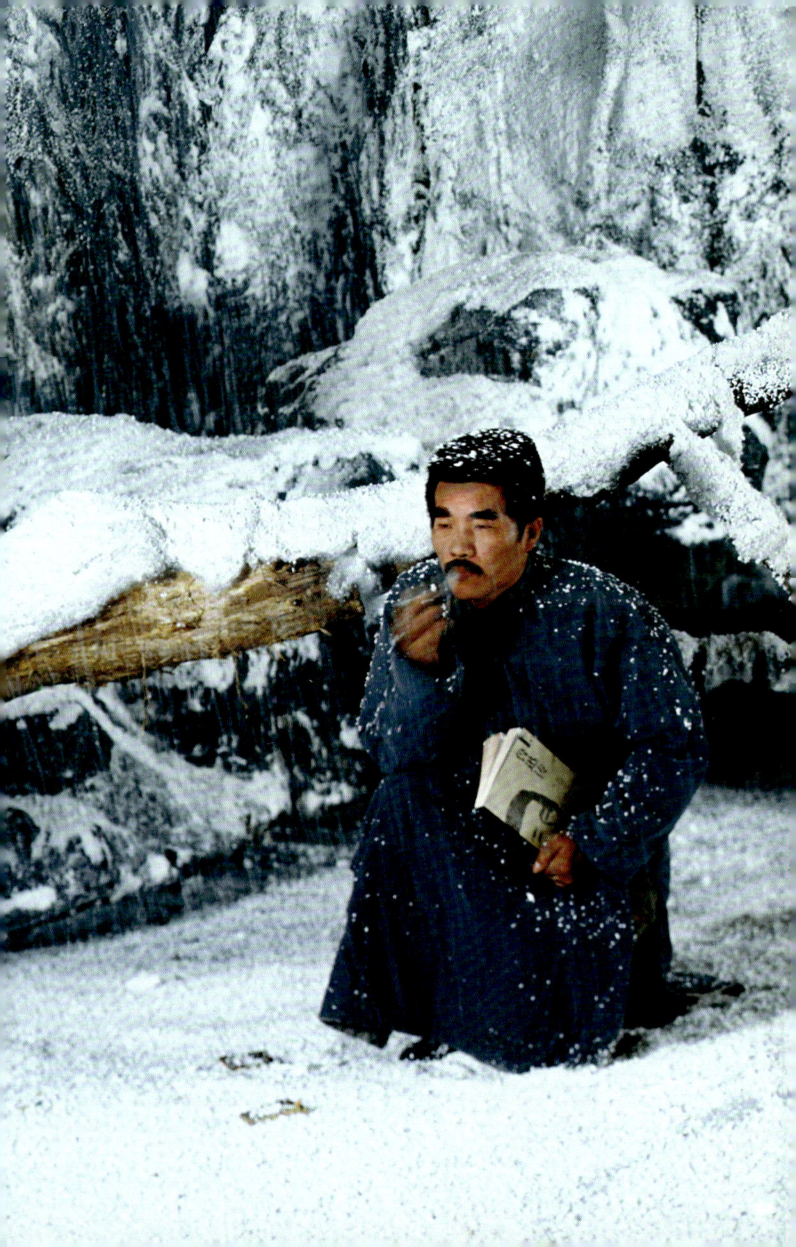

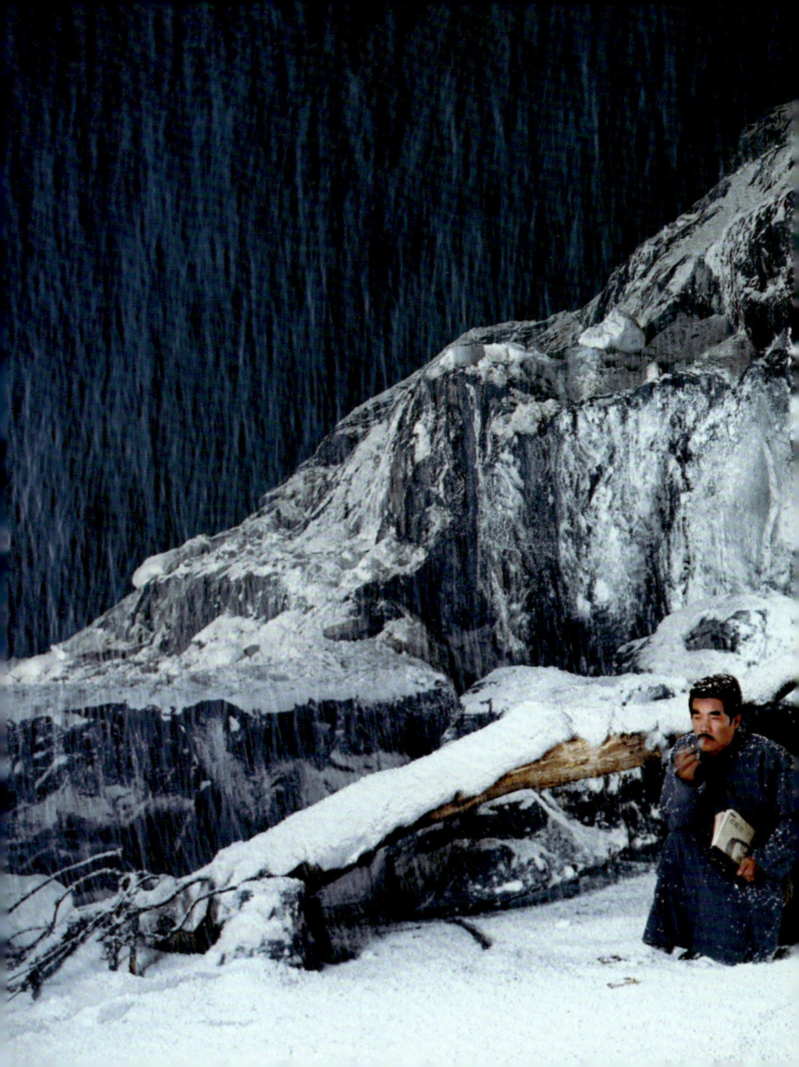

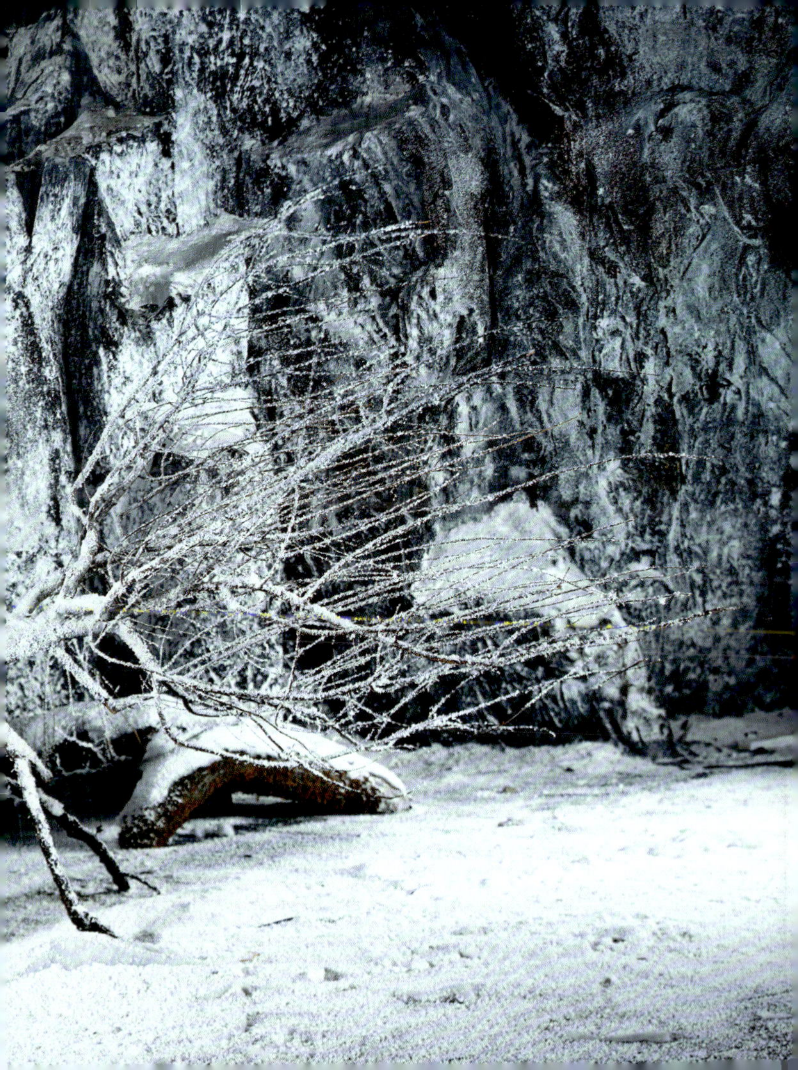

Déesse
毒蜘蛛

2010

Réalisée en argile dans le studio de Wang Qingsong, *Déesse* est inspirée d'un séjour de l'artiste à New York. La tête de la statue de la Liberté est posée sur le corps de Mao. Wang Qingsong fait ici part de sa fascination pour les formes populaires de représentation en superposant les icônes de l'orient et de l'occident. En situant la scène sur un chantier abandonné, il montre la déliquescence de ces idéologies. La Déclaration d'indépendance traîne sur le sol. Autrefois adulées, ces deux icônes semblent aujourd'hui oubliées. L'aspiration collective a disparu au profit de la jouissance individuelle.

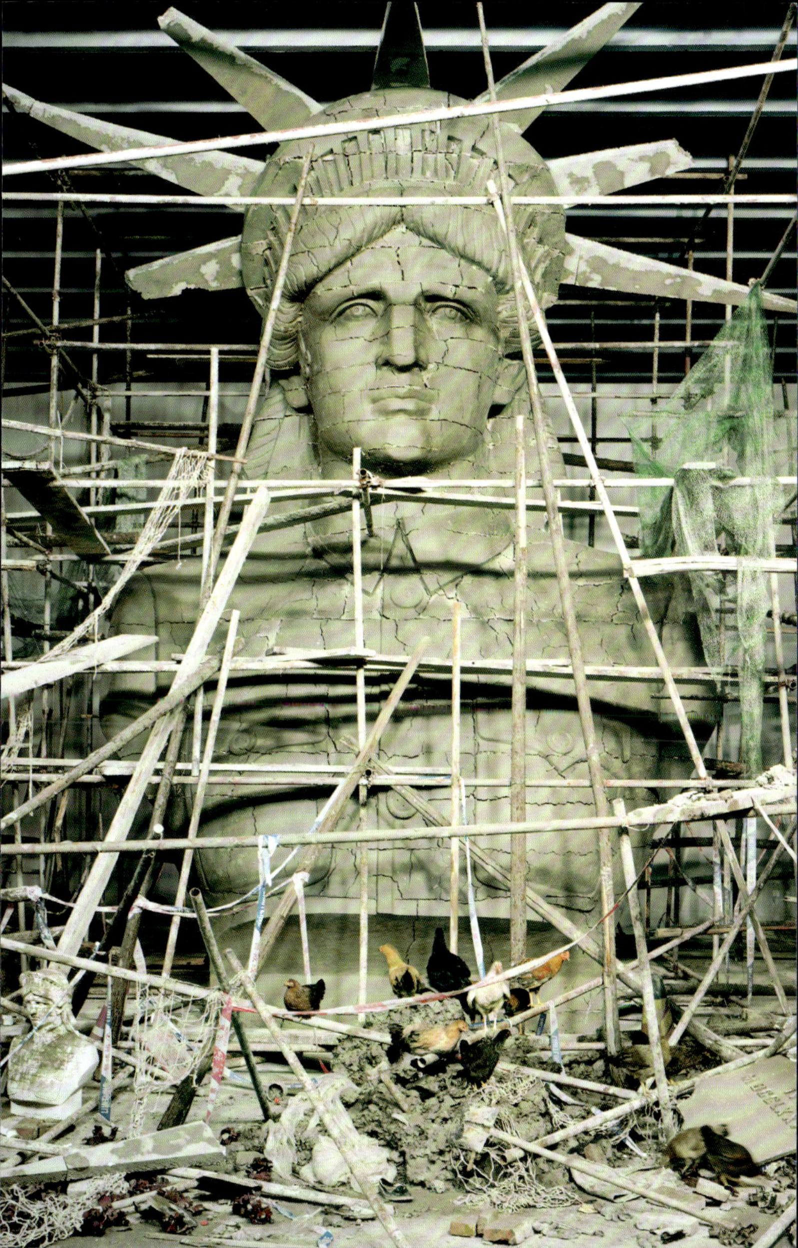

Home

2005

La modernisation de la Chine va de pair avec la destruction des vieilles habitations au profit de résidences plus confortables. Wang Qingsong se faufile dans des ruines, réminiscences de la maison détruite de son enfance. Il espère y trouver des trésors oubliés ou perdus dans les gravats. Ce sont pourtant vraisemblablement les promoteurs immobiliers qui percevront le véritable trésor.

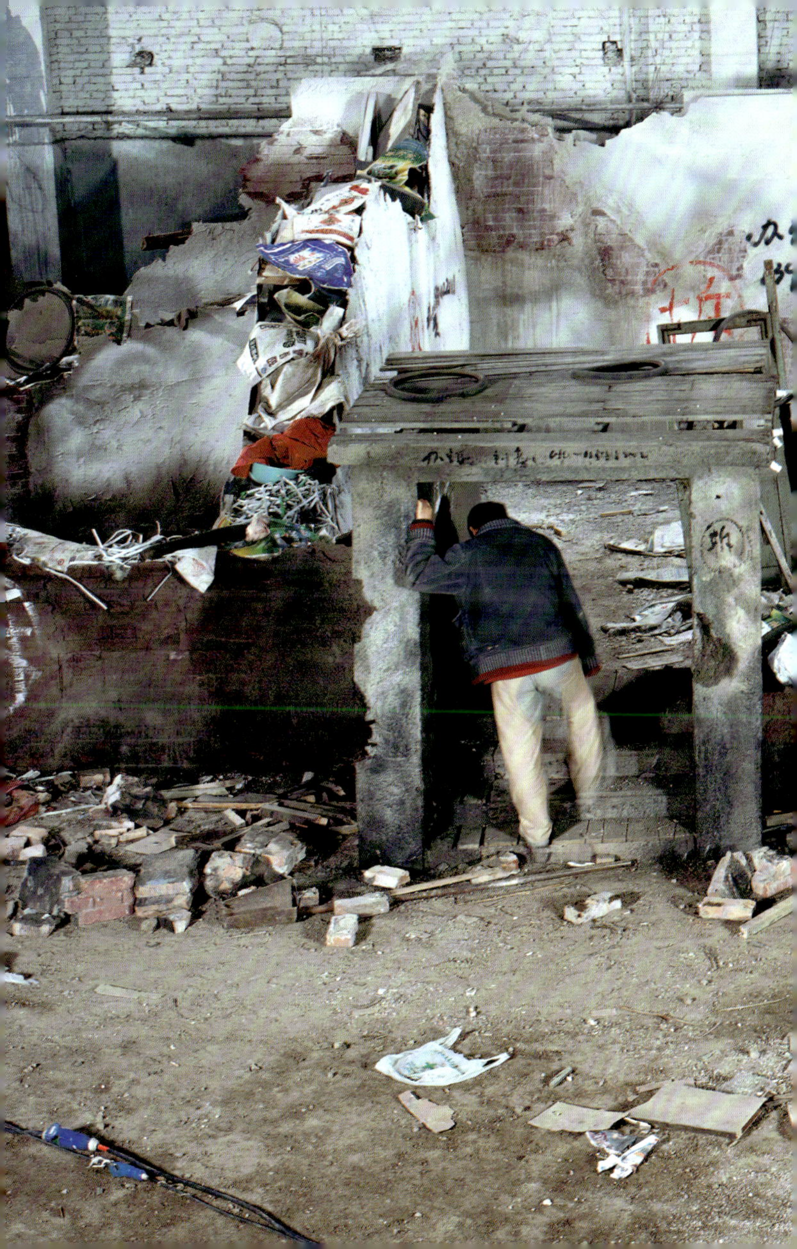

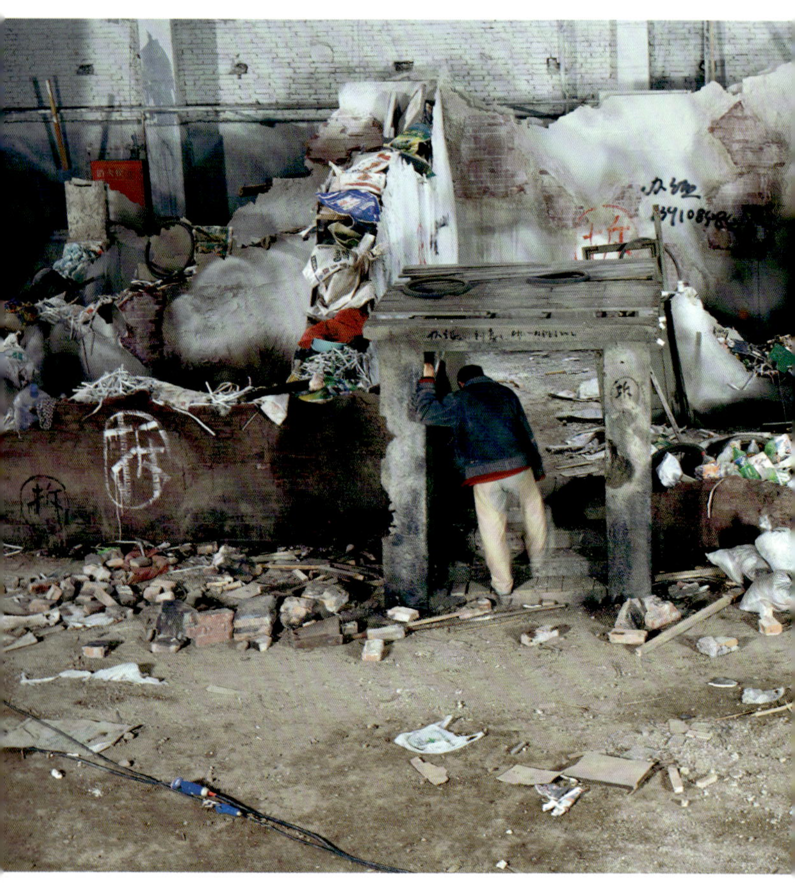
办证

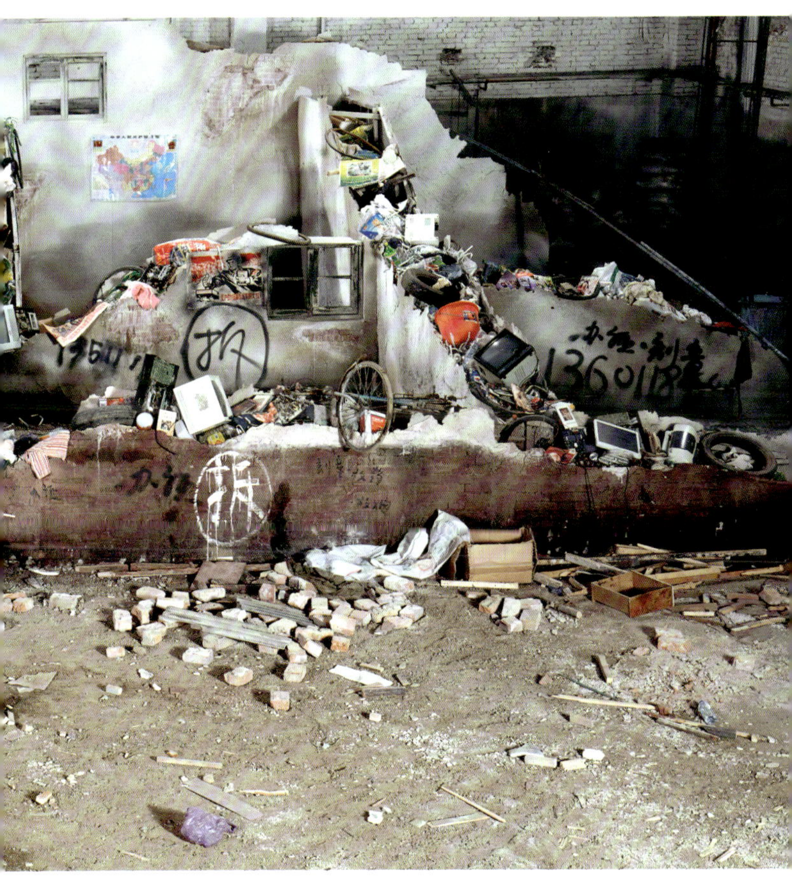
拆
办证·刻章
拆

Rêves de Migrants
盲流梦

2005

Rêves de Migrants illustre la situation des travailleurs migrants qui se déplacent de ville en ville loin de leurs campagnes natales avec l'espoir d'un futur meilleur. Wang Qingsong a dû également dans sa vie se déplacer de nombreuses fois et les migrants occupent une place particulière dans son œuvre. En une seule image, comme dans un tableau de Brueghel, il arrive à capturer les multiples scènes de la vie quotidienne de ces travailleurs, nous racontant des dizaines de petites histoires autour d'une grande maison en attente de destruction. Il échappe au misérabilisme et met en scène la force de la vie humaine qui, en toutes circonstances prend toujours le dessus malgré sa précarité.

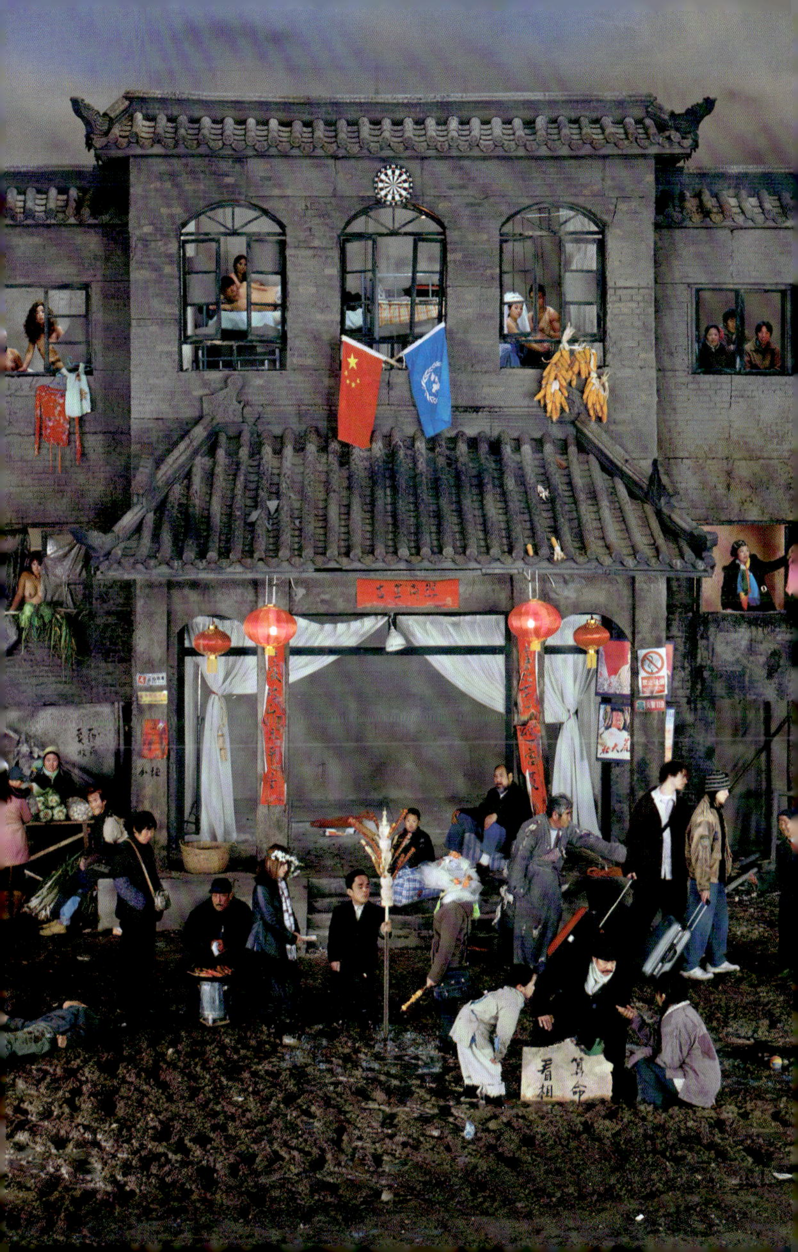
算命
看相

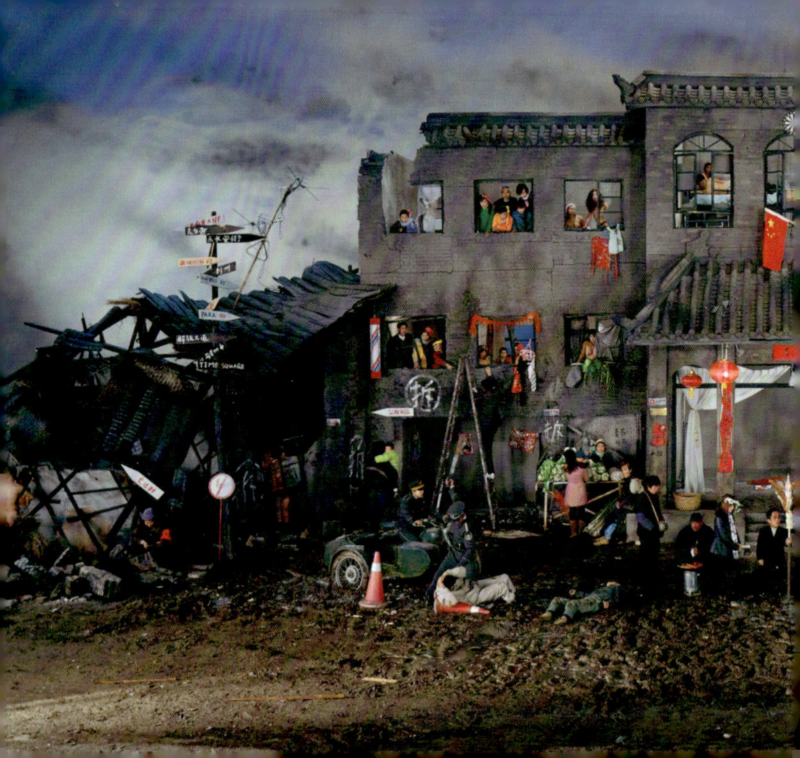
PARK AV
解放大道
TIME SQUARE
拆

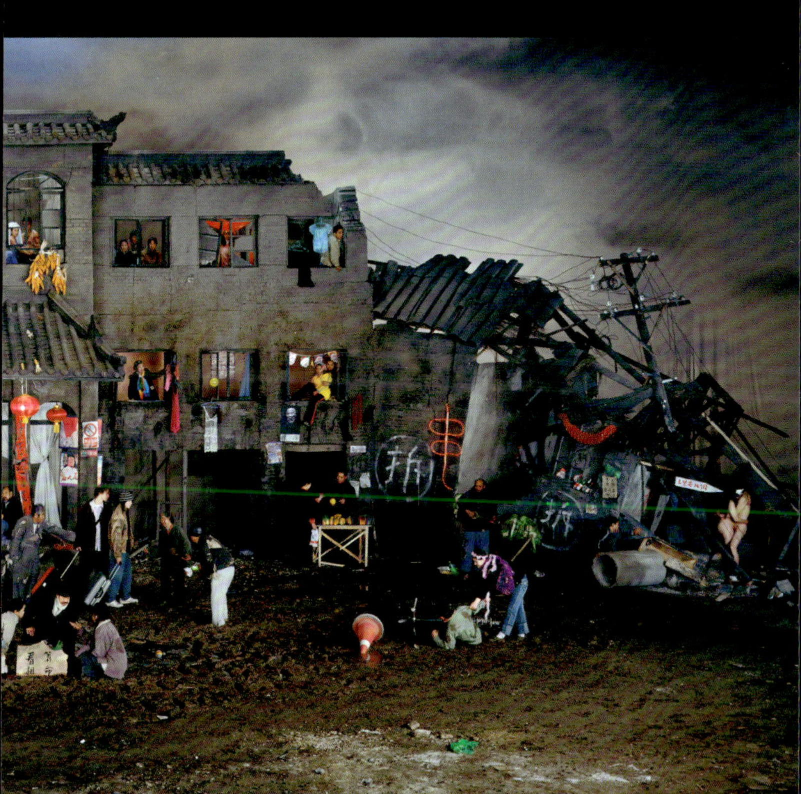
拆
拆
算命
看相

De Glorieux Espoirs
希望之光

2007

En 2008, la Chine a accueilli les Jeux Olympiques. *De Glorieux Espoirs* confronte l'euphorie ressentie par la Chine en gagnant le droit d'organiser ces Jeux avec l'angoisse d'un avenir incertain. Dans cette œuvre troublante et dramatique, Wang Qingsong a invité quatre membres de sa famille dans un champ boueux évoquant les racines agricoles de la Chine. Dos aux anneaux olympiques, ils contemplent la disparition du soleil à l'horizon en se demandant de quoi demain sera fait.

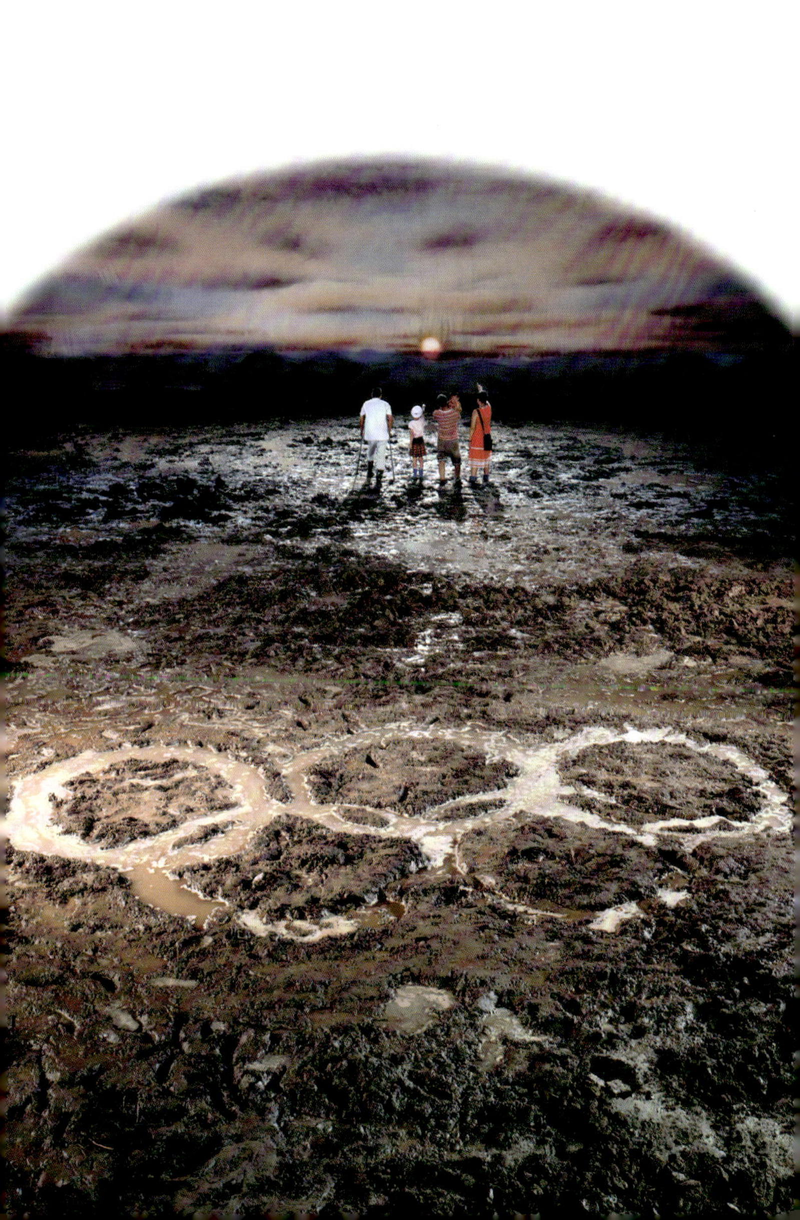

Clochard
流浪汉

2004

Poursuivant sa critique sociale, *Clochard* dresse le portrait des laissés pour compte du boom économique. C'est une œuvre dramatique qui décrit la chute engendrée par la foi en la consommation. Pour Wang Qingsong, tous les rêves de richesses ne conduisent qu'à l'abandon et au rejet. La femme nous dévisage avec un regard désabusé tandis que le corps cadavérique de l'homme fixe le ciel comme implorant. Autour d'eux des fragments de la société de consommation jonchent le sol. La vision pessimiste de Wang Qingsong nous montre qu'après l'euphorie, seuls la désillusion et le désenchantement demeurent.

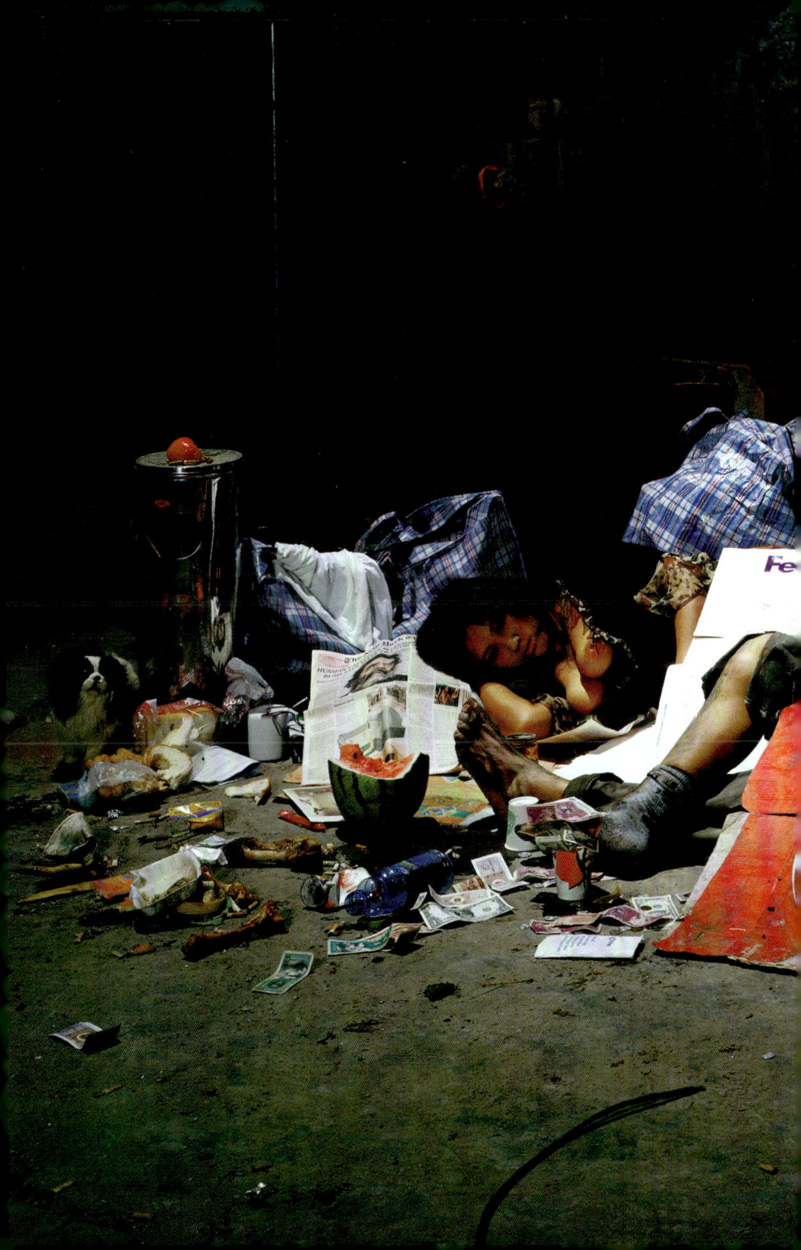

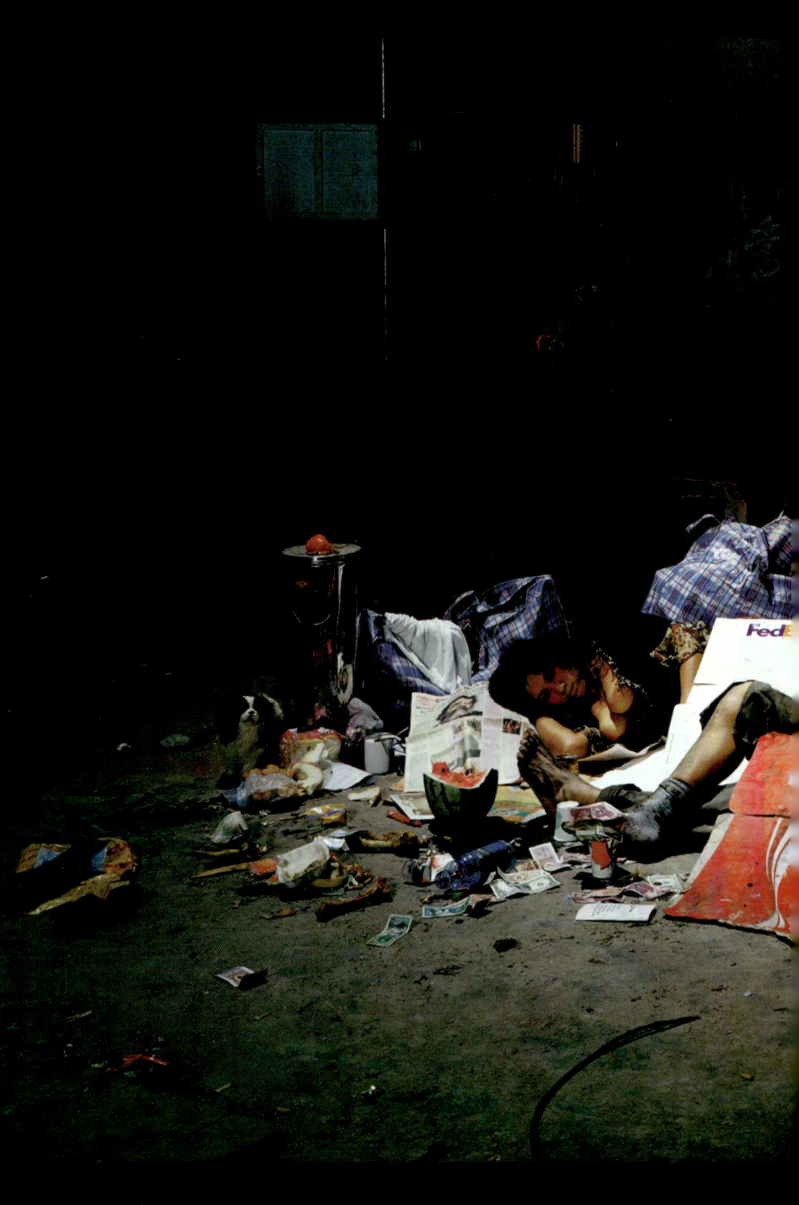

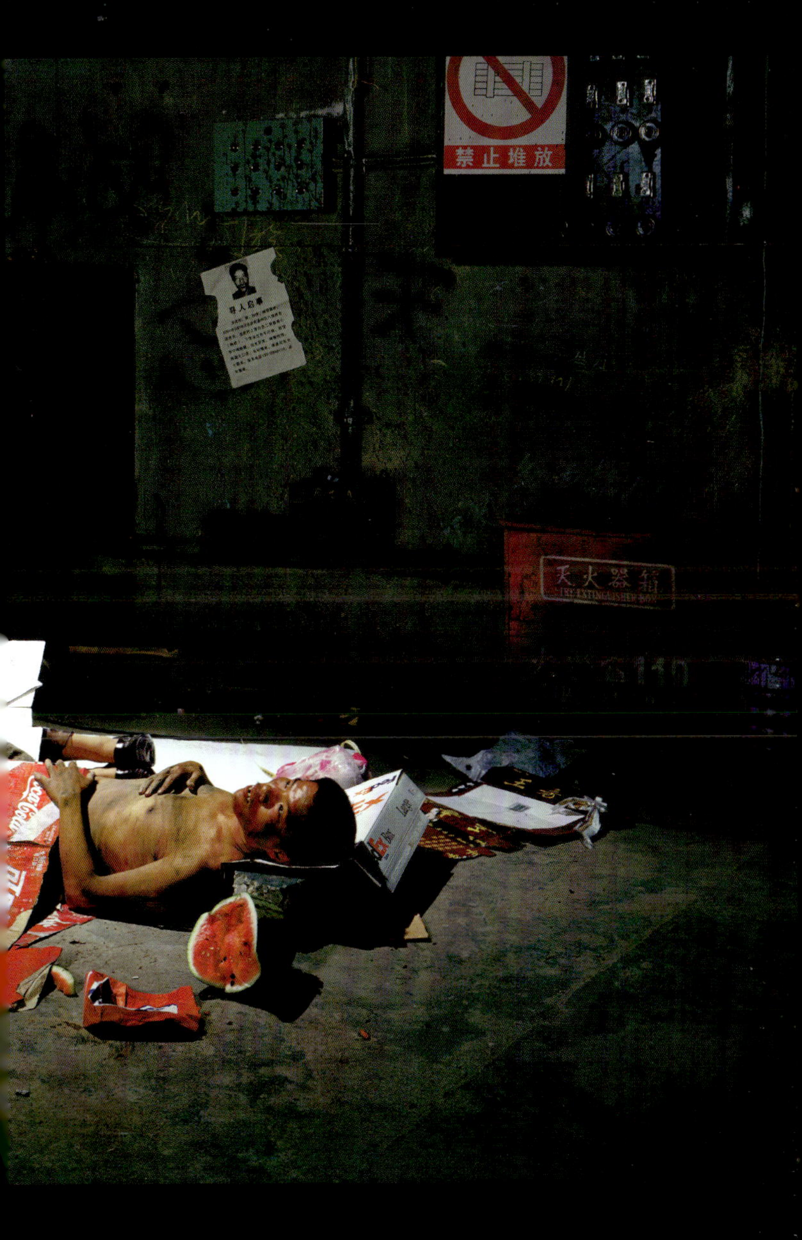
禁止堆放

Patrouille de Nuit
夜巡

2005

Cette œuvre a pour thème l'aliénation des corps par la société. Au milieu de la nuit, des femmes nues et impuissantes sont arrêtées par la police. Recroquevillées, humiliées, elles s'agrippent à leurs rares possessions, montrant leur fragilité et leur perte de liberté face à une société qui les contrôle.

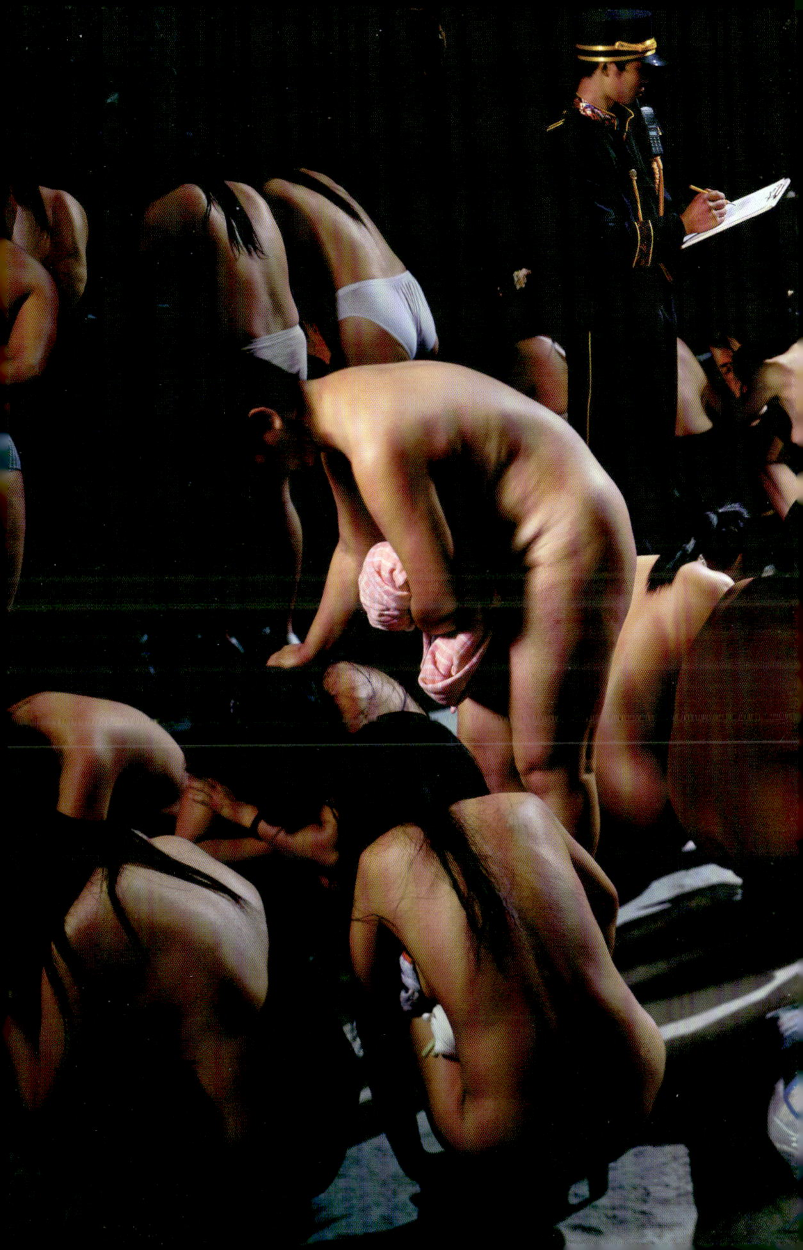

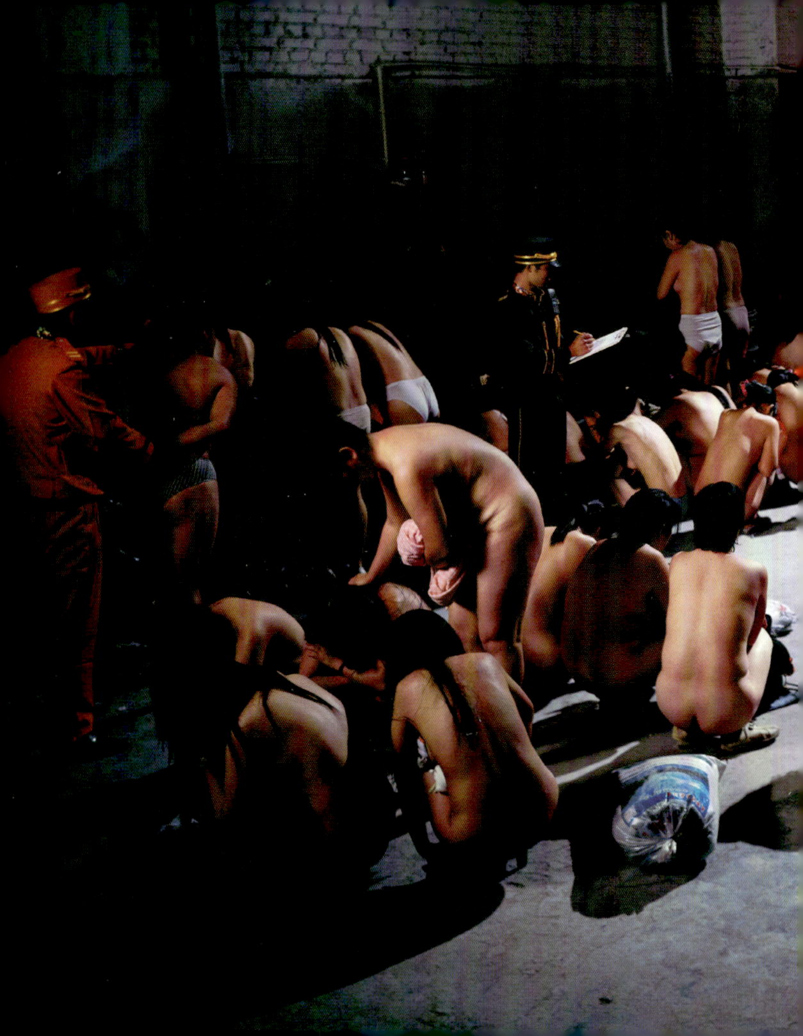

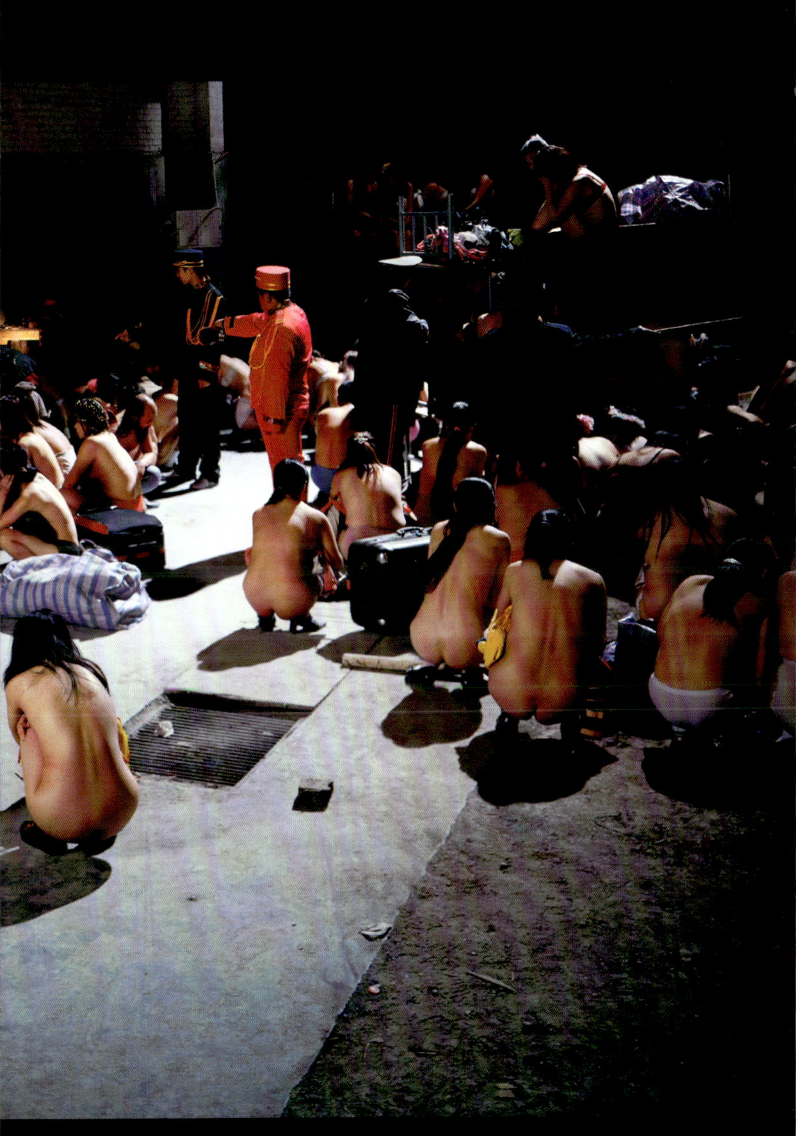

Temple
寺庙

2012

À l'intérieur de ce temple gigantesque, une foule est représentée nue et faible, prosternée devant le pouvoir et la richesse d'un énorme bouddha doré et souriant. Wang Qingsong dénonce l'aveuglement et la vénération des êtres humains devant le succès matériel.

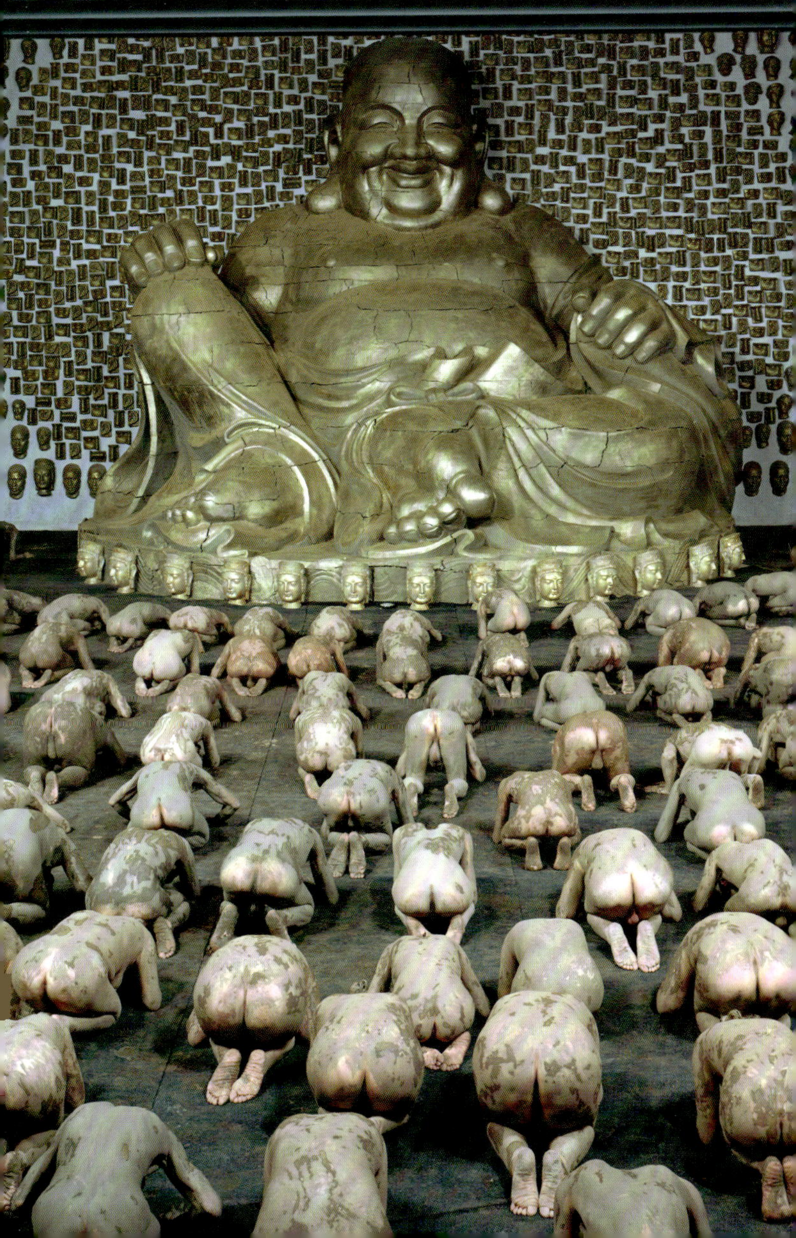

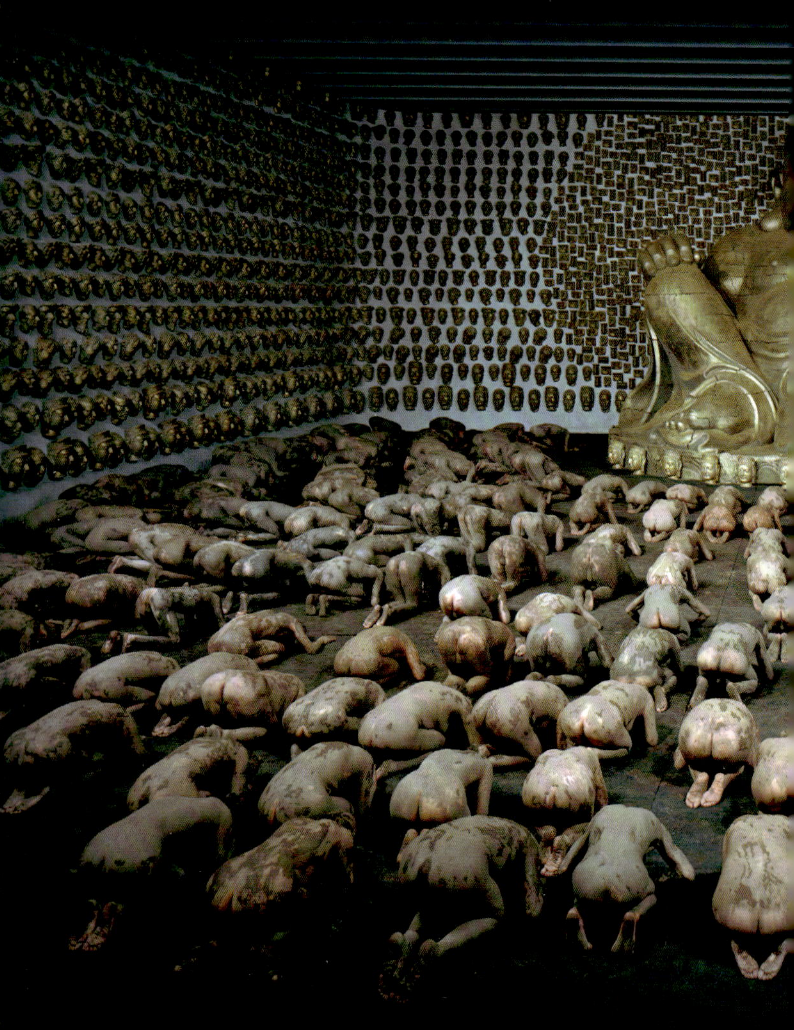

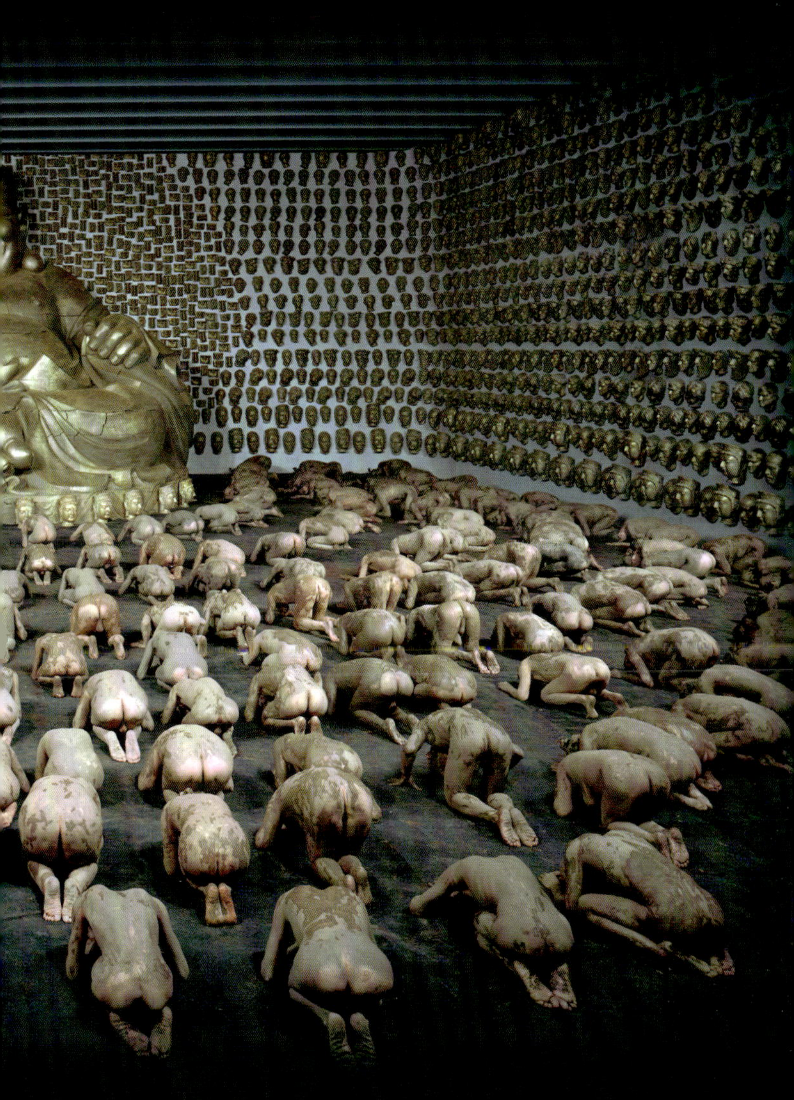

Archéologue
考古

2004

La scène d'*Archéologue* est une fosse remplie d'une trentaine de corps recouverts de boue. La mort est évoquée par la pancarte « Fosse No 4. », chiffre homonyme en chinois du mot « mort ». La fosse nous renvoie violemment aux charniers de notre histoire récente. Ils représentent la décadence et l'exploitation des corps de la société contemporaine. Wang Qingsong invite à réexaminer notre histoire et, tel un archéologue, à chercher les indices perdus afin de comprendre ce qui a pu provoquer cette chute innommable.

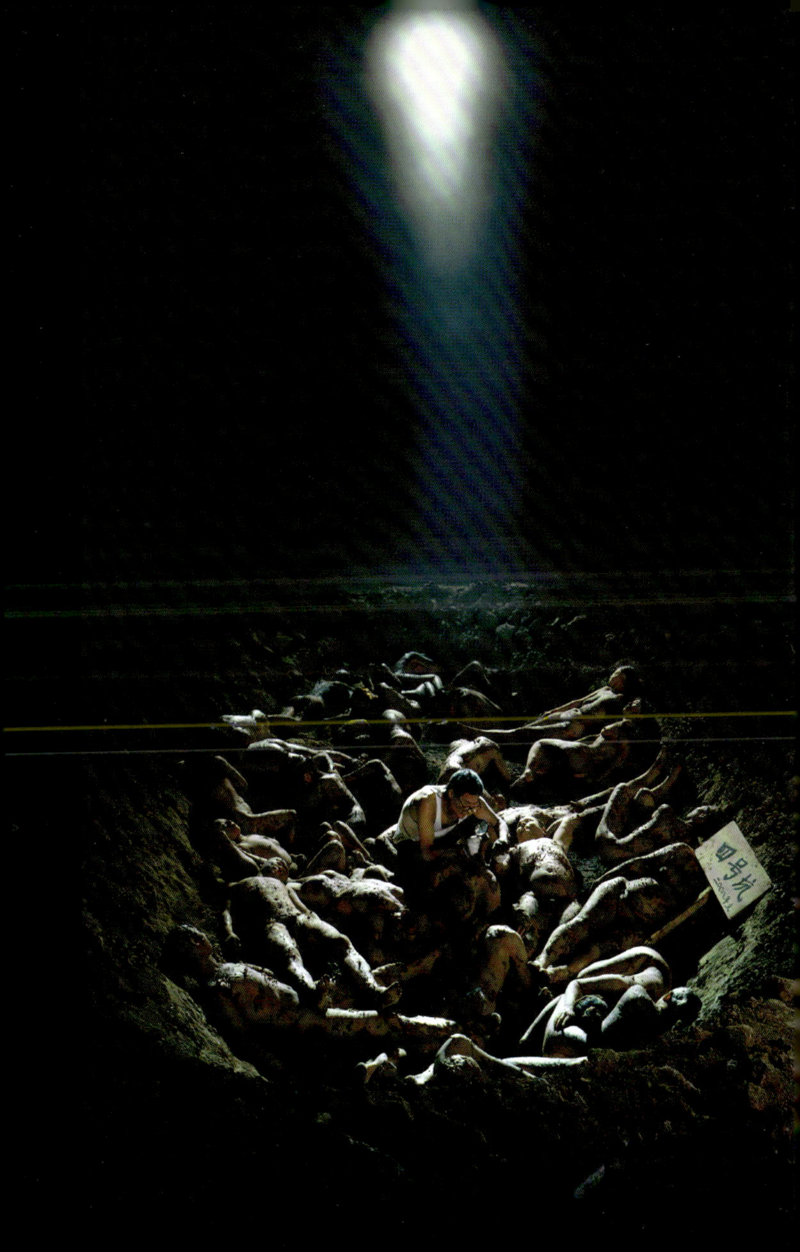
四号坑

Une Autre Bataille
又一次战争系

2001

Enfant, Wang Qingsong rêvait de devenir soldat. *Une Autre Bataille* imite les images des films héroïques et patriotiques qui ont marqué son enfance. Il apparaît ici comme un commandant impuissant, témoin d'une nouvelle guerre économique où les anciennes traditions chinoises affrontent les valeurs modernes, où les pays et les marques luttent pour le profit et le pouvoir. Wang Qingsong place les combattants dans des situations surréalistes, illustrant l'absurdité et les contradictions de cette bataille. Les soldats ne visent que des papillons faits de téléphones. Des canettes de Coca Cola jonchent le sol. Pas de vainqueurs possibles car comment triompher d'un ennemi invisible.

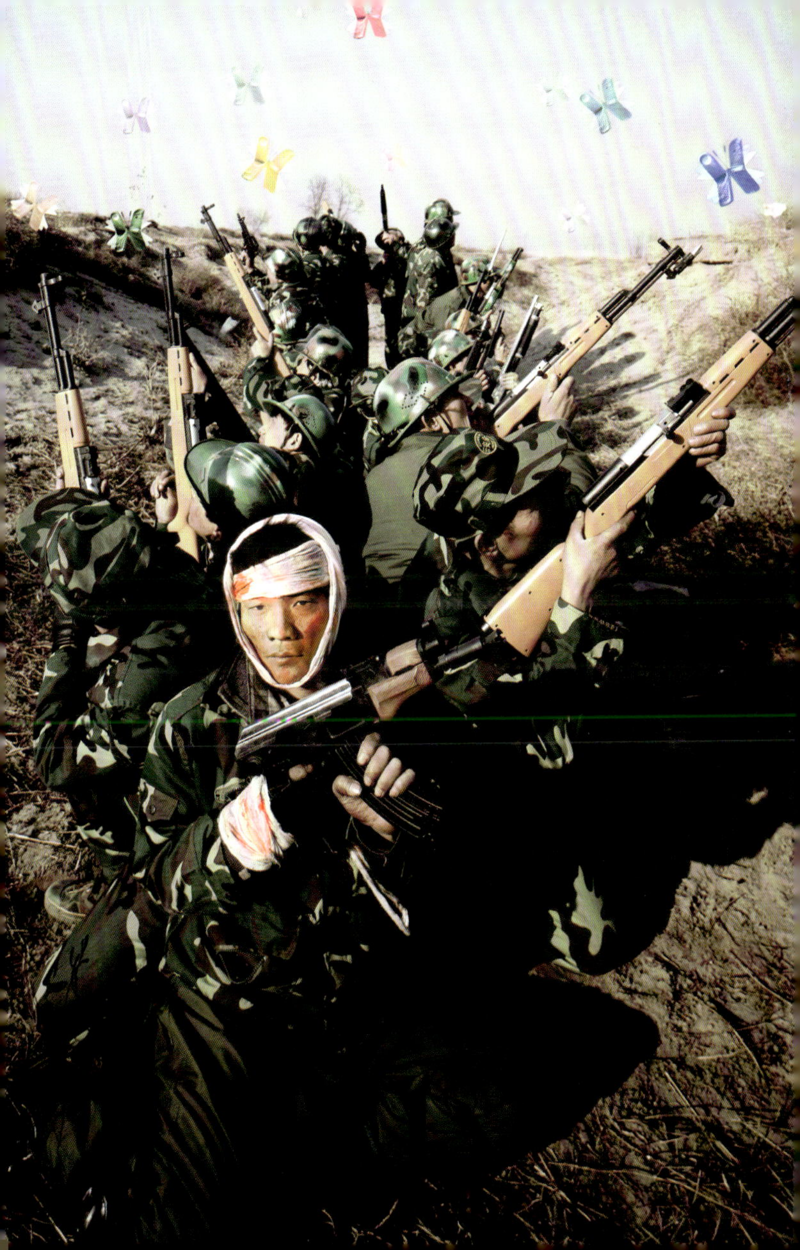

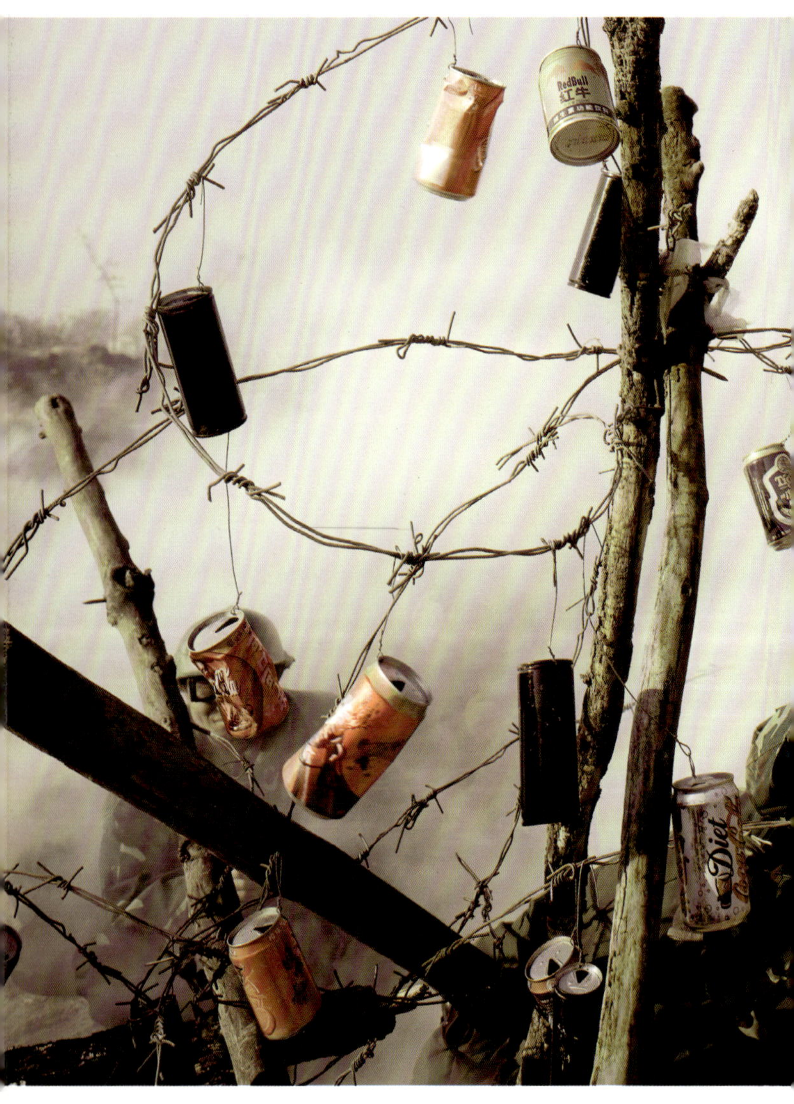
RedBull
紅牛
Diet

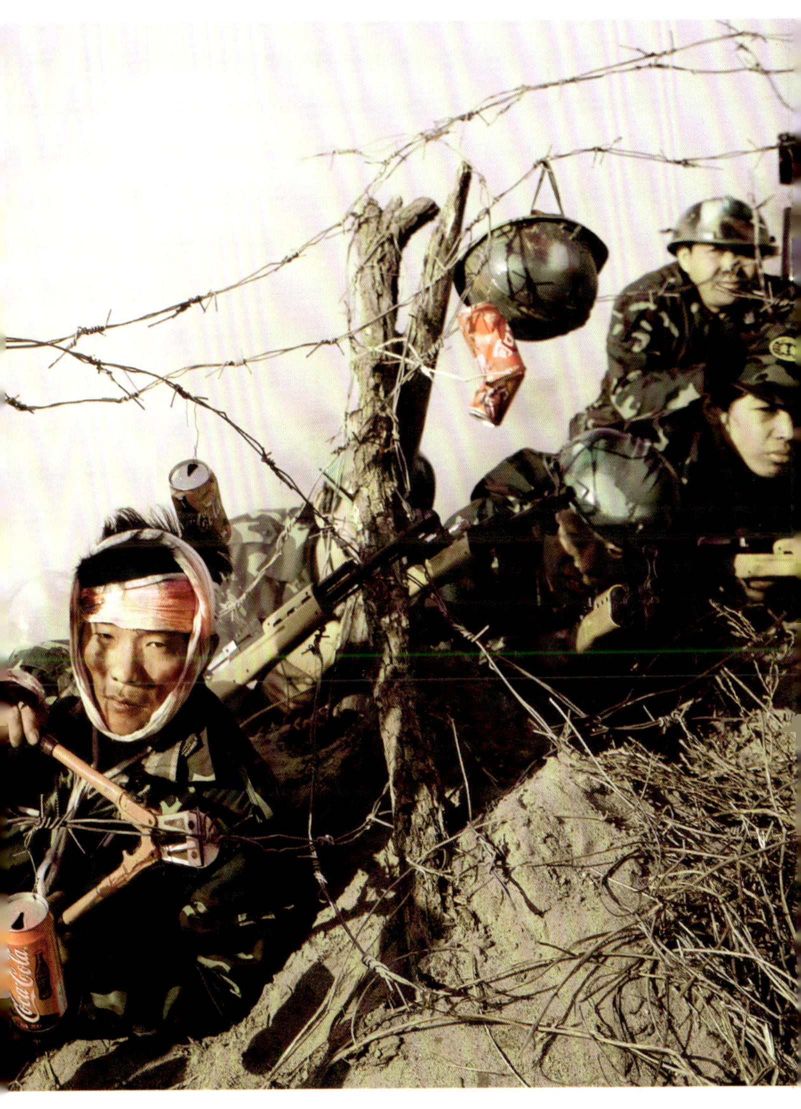
Coca-Cola

L'Histoire des Monuments
历史丰碑

2010

Avec ses 42 mètres de long, cette image est l'œuvre la plus monumentale de Wang Qingsong. Des dizaines de figurants, encastrés dans un mur d'argile, reprennent des poses classiques, réminiscences des bas-reliefs qui ont jalonné les grandes civilisations occidentales et orientales depuis des millénaires. Wang Qingsong y mélange des symboles venant de différentes périodes de l'Histoire : l'antiquité grecque y côtoie la statuaire bouddhiste, la Renaissance rencontre Confucius... Conçue dans la seule finalité d'être la photographie la plus longue au monde, cette œuvre se moque d'elle même et dénonce ironiquement la prédominance du quantitatif et du spectaculaire sur le sens et la compréhension de l'Histoire.

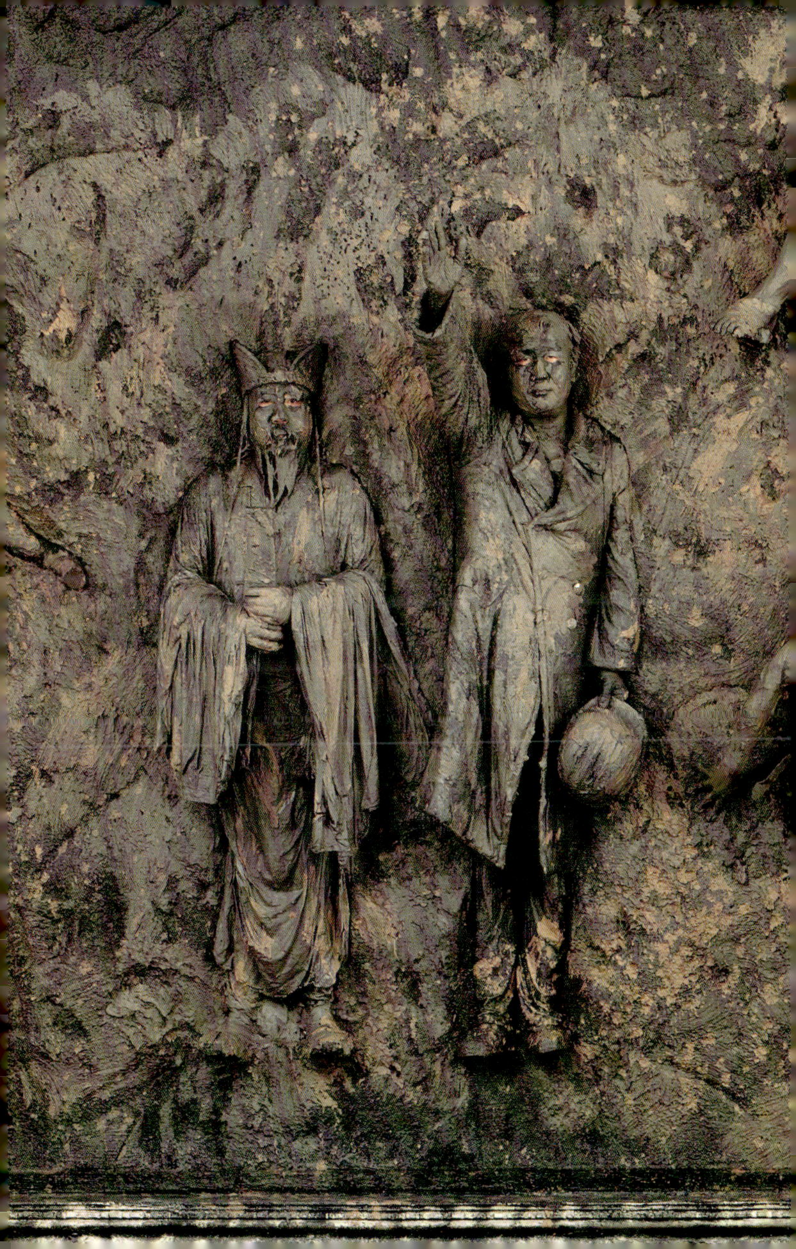

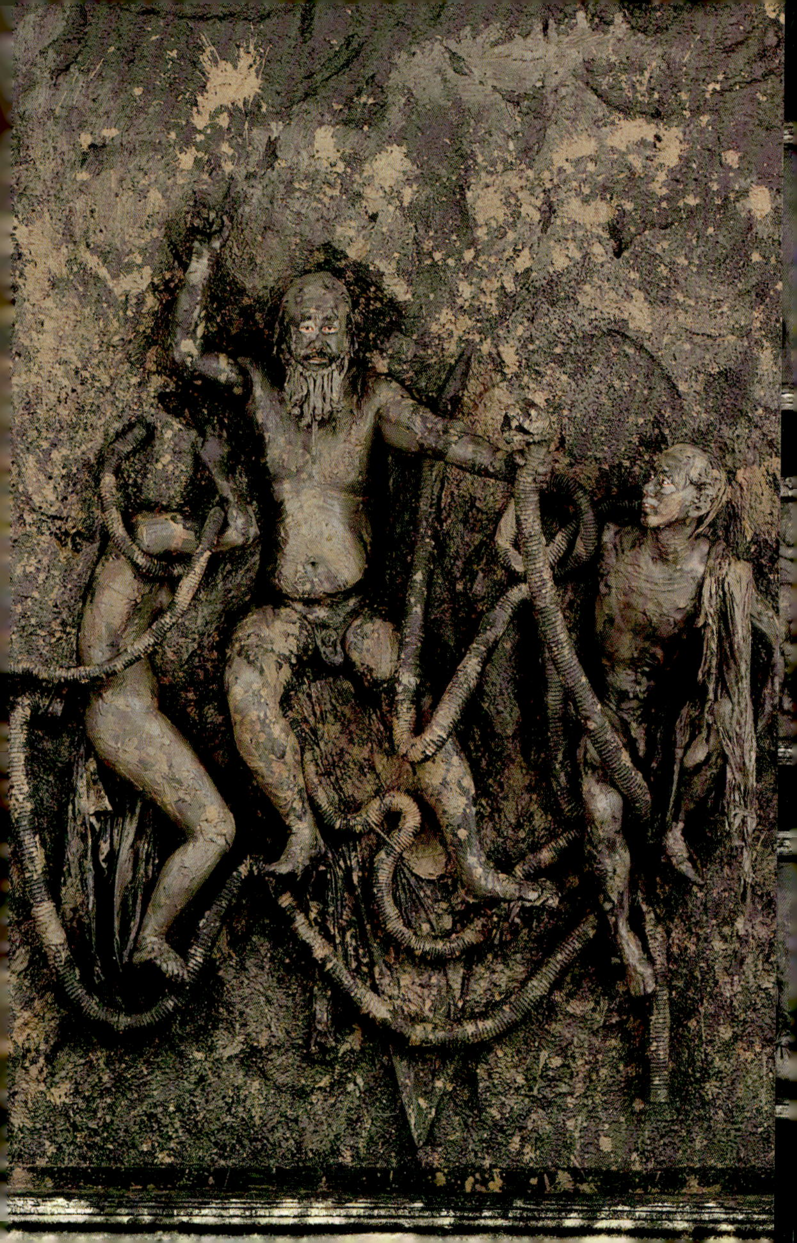

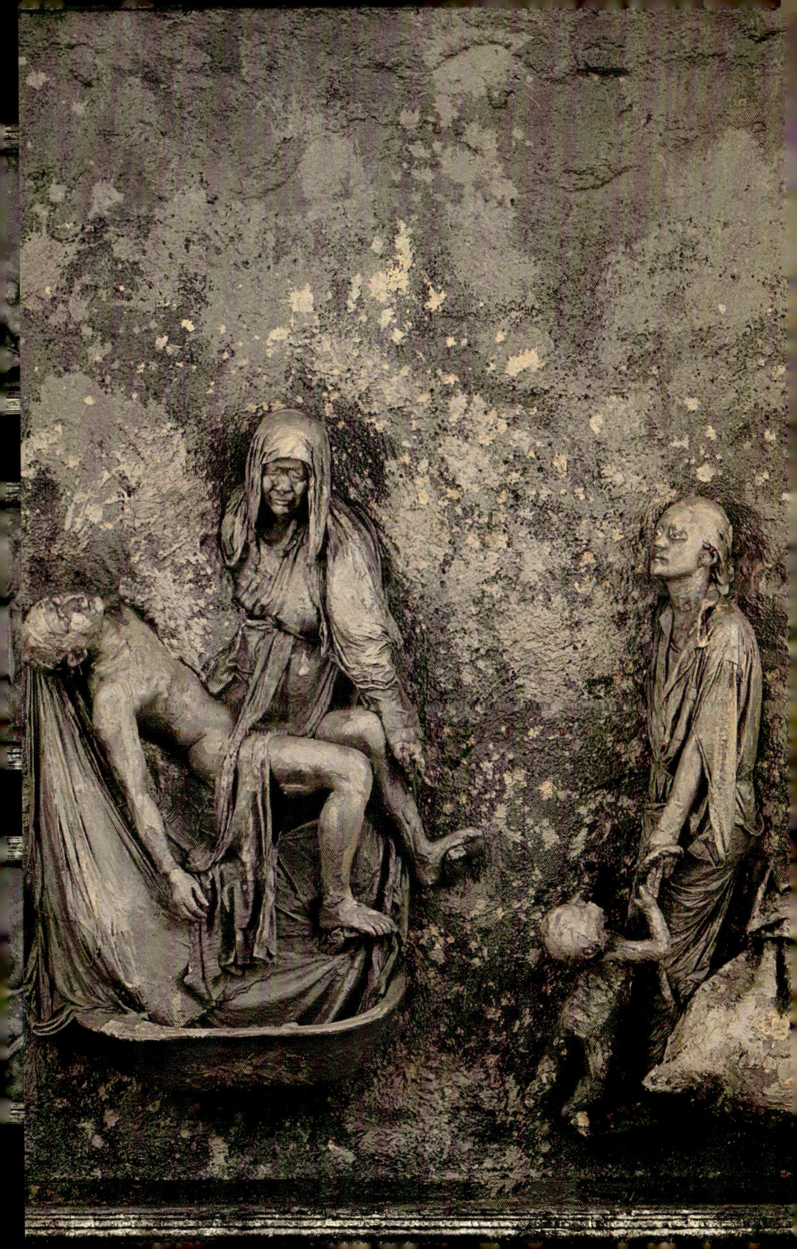

Pivoines
牡丹

2003

Réalisées avec des légumes, des tranches crues de bœuf et de mouton, les pivoines trompeuses de Wang Qingsong illustrent l'érosion des traditions. Très présentes dans l'histoire de l'art chinoise, les pivoines symbolisent le rayonnement national et la prospérité du pays. Ses fleurs, fraiches ou congelées, décrivent la transition de la grandeur et délicatesse du passé à la vulgarité triviale du temps présent.

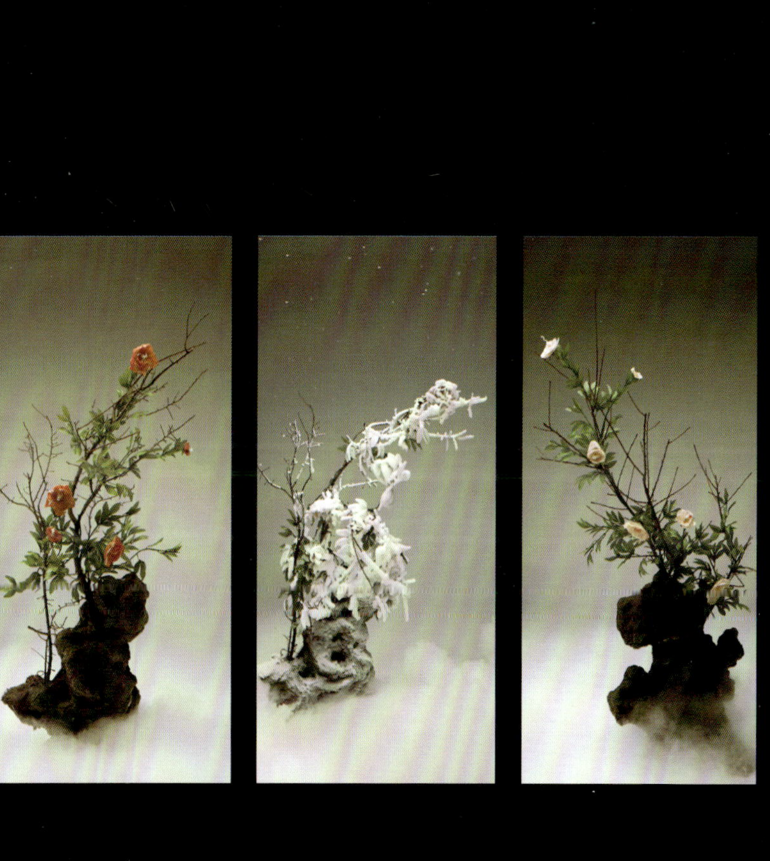

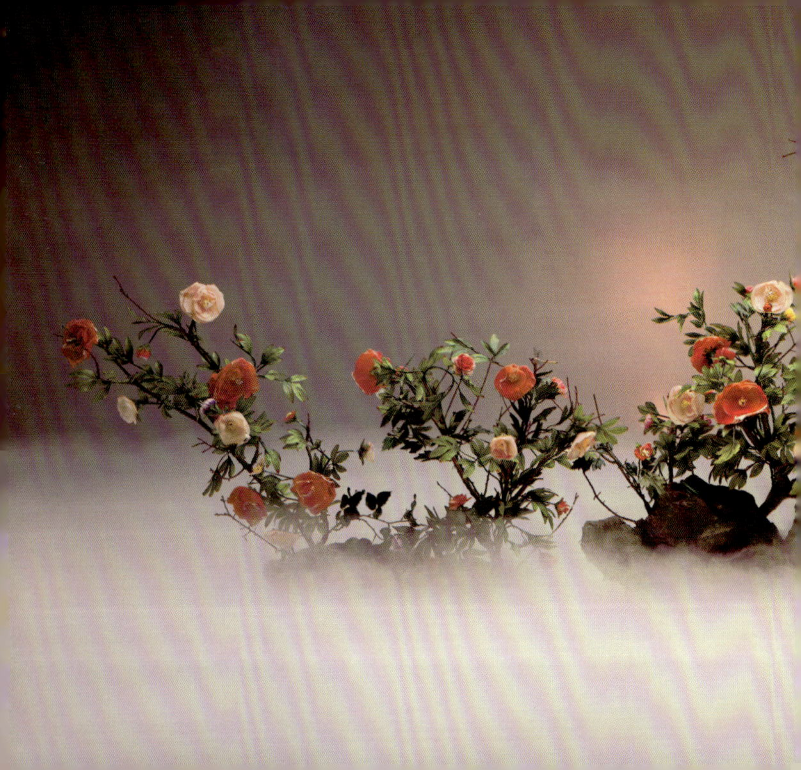

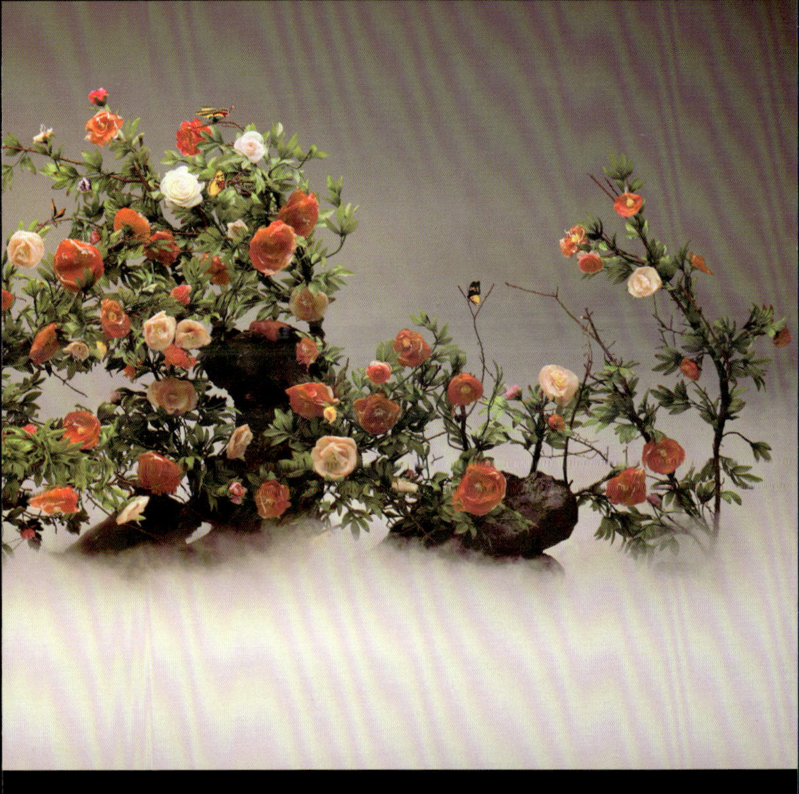

Ce livre est publié par

Thircuir Limited.

Éditeur

Enoïa Ballade

Préface

Jérémie Thircuir

Remerciements

Elisabeth Corso
Thomas Bartz

Copyright © 2012 Thircuir Limited, Wang Qingsong All rights reserved / Tous droits réservés.
Printed in China / Imprimé en Chine. info@thircuir.com www.thircuir.com